Aunque Ande en Valle de Sombra de Muerte, No Temeré

MARIBEL ROMÁN SANTIAGO

DEDICATORIA

Dedico este, mi primer libro, a mi familia. Mi esposo, José Manuel "Cheo"; mis hijas, Cindy Michelle, Taisha Liz y Leslie Ann, mis padres René y Gloria y a mis hermanas, Maryline y Liz Annette. Es mi deseo el también dedicarle esta primera experiencia literaria, a mi abuelita, Perpetua Rodríguez De Tres, mejor conocida como Doña Pepita a quien desde niña siempre admiré por su amor y fe en Jesús. Todos ellos han sido parte esencial de mi vida, sin ellos nada habría sido igual. Ellos son mi inspiración, mi razón de vivir, de esforzarme, de superarme, de luchar. Ellos me han hecho la mujer que soy. Han sido el instrumento que Dios ha empleado, para llevarme al torno del alfarero, una y otra y otra vez. Sigo en el proceso. No es fácil, es doloroso. Pero, en el proceso aprendemos que no es cómo yo quiero ser, ni hacia dónde yo quiero ir, sino, cómo Dios quiere, cuándo Dios quiere y hacia dónde Él quiere.

Esta es mi familia, junto a mis cuñados y sobrinos, quienes completan mi gozo. Pero, por sobre todas las cosas y personas de este mundo, le agradezco a Jehová, Dios de los Ejércitos, porque Él ha sido quien ha traído a mi memoria estos eventos que narro a continuación. Y por los cuales he derramado lágrimas al recordar y volver a vivir estas experiencias, unas tristes y otras absolutamente asombrosas. ¡Gracias, al Creador de los Cielos y de la Tierra, porque me ha enseñado el camino por el cual ha dirigido mis pasos durante toda mi vida! Y porque me ha mostrado, cómo me ha sostenido en medio de la batalla.

A todos ellos ¡gracias! .

CONTENIDO

INTRODUCCIÓN

En estos días, en los que todo el mundo escribe, indaga o escudriña, sobre doctrinas místicas, buscando íntima comunión con un ser supremo que parece no estar asequible, me pregunto: ¿Quién tiene la verdad absoluta? ¿Existe Dios? ¿Por qué permite tanto dolor? ¿Dónde estaría yo, en estos momentos, si no hubiese tenido mi fe cimentada sobre una peña sólida, incorruptible y real? ¿Tendría una familia? ¿Estaría divagando acerca de mis penas y dolores emocionales y físicos? Y tú ¿hacia dónde te diriges? ¿Crees tener la verdad absoluta? ¿Andas buscando en qué o quién creer? ¿Hacia dónde te diriges? ¿Vas con tu familia, o vas solo? ¿Crees en un dios? ¿Tienes fe? Si piensas que lo has visto, leído u oído todo, te invito a que compartas algunas de las experiencias que he vivido a lo largo de mi caminar. Sé que disfrutarás la lectura y algo en tu vida cambiará.

.

I. TAISHA LIZ

Ni las estrellas de los cielos brillan con la misma intensidad.
Aunque bellas, las estrellas, ninguna es igual.

El corazón alegre hermosea el rostro; mas por el dolor del corazón el espíritu se abate. Proverbios 15:13

Teníamos 4 años de matrimonio y un breve noviazgo. La situación económica era muy difícil y hubo una ocasión en la que solo teníamos una lata de habichuelas en la alacena y esa fue nuestra cena. Aunque ambos trabajábamos la situación económica por la que estábamos atravesando era muy precaria. Cindy, nuestra primogénita, tenía un (1) año de edad y entre ropa, alimentos, gastos médicos y suplir otras necesidades propias de su edad, nos consumía una buena parte de nuestro escaso ingreso. Realmente, pensábamos que no era el momento adecuado para un nuevo bebé, pero para nuestro Dios, era el momento exacto. Y allí estaba dentro de mi vientre dando saltos y pataditas. Creciendo y desarrollándose normalmente, al menos eso creíamos.

1

El verano de 1990, estuvimos en un viaje misionero en Venezuela. "Visión 90, Puerto Rico y Venezuela en el Corazón de Dios", era nuestro lema. Mi esposo era el director del grupo musical que realizó este viaje, tras más de un año de planificación. Al llegar del viaje nos reportamos a nuestros respectivos trabajos. En uno de los viajes rutinarios que debía realizar a la pequeña isla de Vieques, Puerto Rico, una joven me miró y dijo: "estás embarazada o pronto vas a estarlo y será una niña y Dios va a glorificarse en ella". De más está decir que me reí incrédulamente, tal vez como Saraí, la esposa de Abraham, quien se rió al escuchar que sería madre después de la menopausia, cuando ya no tenía periodo menstrual (ver libro de Génesis).

Estaba escéptica, pues no estaba en nuestros planes tener otro bebé y habríamos preferido tener el poder de seleccionar el sexo, con preferencia varón por lo de no perder el apellido paterno, ustedes saben, *Vanidad de vanidades, dijo el predicador; vanidad de vanidades, todo es vanidad.* Eclesiastés 1:2

Aun cuando el embarazo de Taisha Liz, no fue planificado, hicimos todos los preparativos necesarios para recibirla en el seno de nuestro hogar. Mi esposo y yo no considerábamos pertinente tener otro miembro en la familia, porque nuestra condición económica no nos lo permitía. En cambio, el embarazo de Taisha, fue anunciado uno o dos meses antes de enterarnos médicamente, mientras que la simple sospecha de la gran posibilidad de tener otra hija, aterraba a mi esposo y por ende a mí. Así que al enterarnos, su reacción no fue de aceptación inmediata. Todavía a los siete meses de embarazo, él no había podido digerir la noticia. Recuerdo que en uno de los

2

retiros en que participamos, la hermana que estaba ministrando la Palabra de Dios oró por mí. Ella pidió a todos que se unieran en oración porque mi embarazo estaba en peligro; sus palabras fueron: "El enemigo está ensañado[1] contigo". Luego oraron y me ungieron. Cuando la vida de un hijo está en peligro, nos confundimos, es esperanza contra esperanza.

Para el viernes, diez de mayo de 1991, ya había nacido Taisha Liz, a través de una muy dolorosa cesárea. Durante ese fin de semana la familia, amigos y hermanos en la fe, nos visitaban y si tenían la oportunidad de ver la niña, comentaban lo hermosa que era. Sí que era hermosa. Pesó 7.5 libras, midió 20 pulgadas, su tierna cabecita estaba cubierta de una abundante cabellera negra y su angelical carita daba la impresión de ser una muñeca de porcelana. Además gozaba de perfecta salud, eso se nos había indicado al nacer la niña. Todo estaría bien y en unos días nos iríamos para nuestro hogar. Allí estaríamos seguras y amadas por Papá y Cindy, su hermanita mayor. Pero no fue así. Ese Día de las Madres sería uno inolvidable y marcaría nuestras vidas por siempre.

Durante la madrugada anterior al Día de las Madres, estaba sola en mi habitación. Tuve la necesidad de levantarme de mi cama y la joven que estaba hospitalizada al lado mío me ayudó. Ese momento dio paso a que ella abriera su corazón herido y me permitiera orar por ella. En esos instantes renovó sus votos con el Señor y pudo quedarse dormida en paz. Luego soñé que me encontraba predicando a un pequeño grupo de personas frente a una carretera. Estaba acompañada por un grupo pequeño de hermanos. Luego de

---

[1] Ensañado: enfurecido, enojado, irritado, encolerizado

orar, comencé a leer la *Biblia* en el Salmo 23, "Jehová es mi pastor, nada me faltará", dije, "así que meditemos en estas palabras y el significado tan profundo que ellas tienen". Cuando desperté del sueño, aún estaba declamando el Salmo 23. Fue un sueño poco usual.

A la mañana siguiente se celebraba el Día de las Madres, domingo doce de mayo. Bajé a lactar a mi recién nacida y muy preciosa bebecita. Al llegar a la sala de neonatos, me notificaron que Taisha Liz estaba evacuando sangre y sería puesta bajo cuidado intensivo, para los análisis pertinentes y tratamiento adecuado a su condición. Mi corazón latió apresuradamente, temí lo inimaginable, la muerte de mi recién nacida niña. Le comuniqué a mi esposo lo que acababa de ocurrir. Él no parecía entender lo que yo le decía. No estaba en nuestros planes tener otro hijo, pero no estaba considerado siquiera el que naciera y muriera en el mismo acto. Esta era una situación muy difícil, sólo comprendida por aquellos que les ha tocado vivir esta experiencia, o alguna similar. No digo que no haya otras situaciones que le arranquen el aliento del alma, de tanto dolor, al ser humano. Las hay y cada una de ellas debe ser considerada a la luz de su entorno.

Cuando recibimos el impacto de esta noticia, el Espíritu Santo, me hizo reflexionar en las palabras del salmista David, *Jehová es mi Pastor y nada me faltará*, las palabras que recité en el sueño que tuve durante la noche anterior. Eso me dio paz en medio de la tormenta que acababa de empezar.

Esa misma tarde, el médico nos llamó e indicó que Taisha Liz sí estaba en peligro de muerte, pues tenía una hemorragia interna y no había cirujanos de neonatos disponibles, en esa semana se encontraban en una convención fuera del país. Así que las posibilidades de que Taisha Liz fuera intervenida quirúrgicamente se redujeron a cero. Las últimas palabras que recibimos del pediatra aquella noche fueron: "si tienen fe, oren porque sólo un milagro puede salvar a esta niña". Así que eso hicimos, oramos y oramos y oramos. Esa noche fue trasladada al único hospital en el que quedaba un cirujano de neonatos disponible, pero desafortunadamente, éste nunca llegó a ver a nuestra hija y al otro día partió hacia la convención. Pero todo esto estaba dentro de los planes de Dios para nuestras vidas, sin embargo en aquel momento no lo pudimos comprender.

El lunes 13 de mayo de 1991, fui dada de alta y salí del hospital, al que había entrado con la emoción de recibir a mi nueva bebé. Salí con mis brazos vacíos y una maleta con la ropita que le había comprado para sacarla del hospital, sin usar y tal vez nunca se la llegaría a poner. No fue fácil llegar a mi casa y ver la cunita vacía. Muchos pensamientos pasan por nuestras mentes cuando nos encontramos en situaciones poco usuales: soledad, desasosiego, dolor. Un dolor profundo, interminable. Aparentemente eterno.

Llegamos a NICU (Neonatal Instensive Care Unit, por sus siglas en inglés), o Unidad de Cuidado Neonatal Intensivo. Me vistieron con ropas esterilizadas y me permitieron pasar a ver a mi hijita. Ese cuadro desgarrador aún permanece en mi recuerdo, tan vívido como el primer día. Taisha Liz tenía su tierno cuerpecito todo lleno de diferentes cables, máquinas, tubos, parches y algodones, entre otros. Para que me puedan comprender mejor les explicaré: tubo naso

5

gástrico; TPN (Total Parentenal Nutrition, por sus siglas en inglés) o hiper-alimentación; monitores del corazón; monitores para la oxigenación del cuerpo; un catéter para colectar la orina; la cabecita rapada y con un angio de suero incrustado bajo su piel; los ojos los tenía cubiertos con algodones y esparadrapo; todo su cuerpecito metido dentro de una inhóspita incubadora, o caja plástica, recibiendo Foto Terapia, pues su piel rosada se había tornado amarilla, porque los niveles de bilirrubina le seguían aumentando. La incubadora tenía unas aberturas a los lados por donde yo podía introducir mis manos para acariciarla. La debía acariciar suavemente, para no lastimarle sus bracitos llenos de marcas de agujas y sus piecitos igual de perforados, no fue fácil. No pude contener mis lágrimas. ¿Qué madre podría contener sus lágrimas ante un cuadro tan doloroso? ¿Qué ser humano podría?

Todos aquellos pequeños y diminutos cuerpecitos, yacían en sus respectivas incubadoras, esperando la muerte, o que, tal vez, un milagro aliviara su dolor. Habían venido a este mundo a vivir y en su lugar sobrevivían al calvario que les aquejaba desde el día en que anunciaron sus nacimientos. No conocían el abrazo de una madre amorosa, ni el beso de un padre quebrantado, por el sufrimiento y la impotencia de poder librarlos del tormento en que se hallaban. Las pocas horas de vida que tenían estaban repletas de dolor.

Mientras ellos luchaban por sus vidas, la ciencia y la tecnología les infringían más dolor, el que a su vez se traduciría en un alivio momentáneo para algunos y duradero para otros, si es que lograban sobrevivir. Me pregunto, ¿cómo puede un neonato luchar por vivir, cuando aún no puede distinguir entre la vida y la muerte? Su poca experiencia con el mundo no ha sido de paz, sino de angustia, llantos, gritos, gemidos llenos de dolor. ¿Cómo hay madres que se atreven a abandonar a sus hijos recién nacidos? ¿Cómo pueden privarles de su calor y entregarlos al mundo sin saber hacia dónde van? ¿Cómo es que se pueden deshacer de un bebé saludable, o matarlo en el vientre, por el simple hecho de que les impida realizarse en el mundo, o les estorbe para alcanzar sus metas? O tal vez, en su estilo de vida, estos seres indefensos, no tienen un lugar. ¿Es que no saben ser madres? ¿O tienen en poco valor la vida del hombre? Me hace pensar en que hay mujeres que gastarían lo que no tienen, por el privilegio de ser madres y aún entregando todos sus bienes, nunca lograrán serlo.

No logro comprenderlas, pero sí sé que ser Madre requiere de amor, paciencia, bondad, mansedumbre y templanza, entre muchas otras características que son fruto de un genuino encuentro con el Creador del Universo. Como dice la *Biblia*, en Gálatas 5:22-23, *Mas el fruto del Espíritu es amor, gozo, paz, paciencia, benignidad, bondad, fe, mansedumbre, templanza; contra tales cosas no hay ley*.

Es que no puede haber una ley mayor que el amor. Este sobrepasa todo entendimiento, es inefable, indescriptible y únicamente proviene de Dios. En 1 Corintios 13, habla sobre la Preeminencia del Amor; amor que todo lo cree, todo lo sufre, todo lo espera, todo lo soporta. Amor que nunca dejará de ser. Es que el ser madre es un regalo, una bendición, un privilegio, nunca será una maldición.

Aquella área del NICU está llena de dolor y de esperanza. La esperanza de los padres, que después de esperar tanto tiempo por el nacimiento de sus retoños, no los han podido estrechar entre sus brazos y cuya única esperanza se torna hacia el Creador de los Cielos y de la Tierra, a quien claman a viva voz esperando que su clamor sea escuchado en los cielos y la respuesta de Dios sea vida y paz para todos en la Tierra.

La noche del martes 14 de mayo del 1991, Taisha Liz entraba en crisis. Se le había perforado el intestino grueso y no había cirujanos pediátricos disponibles, por lo que un cirujano general nos había indicado que ella se encontraba en peligro de muerte, pero que él esperaría a que se fuera en una crisis y de ser así la intervendría para intentar salvarle la vida, pero que no era muy probable ya que su especialidad no eran los neonatos, sino los adultos. Era sólo cuestión de horas para que nos dieran la noticia de la muerte de nuestra hija.

Luego de indicarnos la gravedad del asunto no nos permitieron quedarnos junto a ella y tuvimos que regresar a nuestra casa con la angustia de no poder acariciarla, besarla y despedirla en caso de que ya no fuera a estar más con nosotros y si moría, moriría solita en una inhóspita caja plástica, la que le serviría de féretro, sin nadie cerca para despedirla con amor. Pero el Cirujano del Cielo, estuvo allí presente, porque es Omnipresente, y no la dejó morir. Dios intervino y la niña, milagrosamente, superó la crisis.

Mientras todo esto sucedía, no se me había dado la oportunidad de tomarla en mis brazos para acunarla, lo cual me hacía sentir un inmenso vacío, porque anhelaba poder hacerlo y sólo podía acariciarla a través de los huecos de aquella incubadora. Varios días después una enfermera me preguntó si había sostenido a Taisha Liz, en mis brazos alguna vez, y al contestarle que no, que no había sido posible por la innumerable cantidad de cables que salían de su tierno cuerpecito, fue movida a compasión y con toda su experiencia en esa área de cuidado intensivo, buscó un sillón para que me sentara, abrió la incubadora, tomó a mi niña en sus brazos y con sumo cuidado la colocó entre los míos... Con lágrimas en mi rostro le agradecí a Dios y a ella. ¡Que Dios la bendiga y prospere en todos sus caminos! A los pocos días, Taisha fue trasladada a una habitación regular, fuera de cuidado intensivo. Allí estuvimos hasta el viernes antes del Día de los Padres, que se celebra el tercer domingo del mes de junio, anualmente. Estuvo hospitalizada aproximadamente por un periodo de 6 semanas y fue dada de alta, "bajo nuestra responsabilidad", como muy bien indicaron los médicos, quienes no deseaban dejarla ir del hospital porque todavía no habían podido dar con un diagnóstico y tratamiento atinado, para la condición que a mi niña le aquejaba. Firmamos un documento que les relevaba de toda responsabilidad y nos llevamos a Taisha Liz, quién por primera vez dormiría en su cunita, en el calor de nuestro hogar.

Durante el tiempo en que estuvo hospitalizada, pasó por tantas crisis que en lugar de aumentar de peso, como todo recién nacido, rebajó varias libras, de manera que cuando tenía dos meses, pesaba de 5 a 6 libras, aproximadamente. Estuvo bajo una dieta muy rigurosa, de sólo 15cc a 30 cc de leche cada 2 a 4 horas. Se me prohibió terminantemente lactarla. Así que la veía llorar y gritar de dolor, de hambre y de sufrimiento, y no podía alimentarla, sino hasta que se llegara el tiempo indicado. Aunque mis pechos dolían y reventaban de leche materna, no debía lactarla. Los médicos, dieron unos horarios para alimentarla, pero mi cuerpo tenía los horarios que ella necesitaba, sin embargo, no podía suplir su necesidad inmediata, si realmente deseaba que ella viviera. También se le diagnosticó reflujo severo, ya que no retenía los alimentos, por esto fue dejada sin alimento en varias ocasiones, debido a que confundían el diagnóstico con obstrucción intestinal. Al ser un hospital en el que se entrenan futuros médicos, no hubo un seguimiento certero de su condición, pues con cada cambio de profesor, había cierto cambio de estrategia y diagnóstico. Me parece que lo peor de los cambios fueron los diagnósticos errados de los médicos internos y por ende, sus profesores. Irónicamente, ésta falla evitó un tratamiento adecuado y asertivo. Los más afectados resultaban ser los pacientitos, que no podían defenderse, y los padres, a los que trataban con recelo y desconfianza, como si fuéramos incapaces de entender y cooperar con el tratamiento asignado. Lo cierto es que parecía algo difícil una verdadera identificación paciente-doctor, dada la cantidad de veces que los doctores y residentes eran cambiados. Eso debería ser mejorado en todos estos hospitales-escuelas, para mejorar la calidad del servicio que reciben los pacientes.

Recuerdo que en una ocasión me encontraba en el mismo hospital, llevando a Taisha Liz en una cita de rutina. Allí nos encontramos con una de las médico-profesora, que la había atendido durante su hospitalización. Al verme se detuvo frente a mí para saludarme. Cuando vio con Taisha Liz entre mis brazos, viva, se sorprendió. Inmediatamente procedió a inquirirme acerca de la asombrosa recuperación de Taisha. La pregunta inicial fue: "Es esa es la niña que estuvo hospitalizada aquí? Todavía no salía de su asombro. Ya en ese momento Taisha Liz tenía más de cuatro meses y había aumentado más de cinco libras. Sus mejillas estaban rosadas.

Su piel tersa. Su aspecto físico se había transformado de uno pálido y amarillento, a uno totalmente reluciente y lleno de vida. ¿Qué le hicieron?, fue la pregunta inmediata. Aún después de haberle explicado los procedimientos, la doctora no salía de su asombro. Luego me hizo un comentario que me dio mucha tristeza. Me refirió que debido al volumen tan alto de casos terminales y difíciles que se reciben en ese hospital, la lista de operaciones es inmensa y no todos llegan a tiempo al área de cirugía. Lo más irónico de nuestro caso es que los cirujanos residentes, (futuros cirujanos), habían diagnosticado que Taisha Liz no era candidata a cirugía e inmediatamente procedieron a darla de alta de ese departamento. En ese momento comprendí el por qué Dios me había permitido sacarla de allí y llevarla con médicos privados. Lamentablemente, no todos los padres tienen la oportunidad de buscar segundas opiniones acerca de las condiciones o enfermedades que aquejan a sus seres queridos.

Por otro lado, el sentimiento de culpa arropaba nuestras mentes. Llegamos a pensar que tal vez el no haber aceptado el embarazo con la misma alegría que el primero, había sido la causa de este gran dolor y profunda prueba de fe. O tal vez las presiones de las que era objeto en el trabajo en el que me desempeñaba durante aquellos años, fue la verdadera causante, o tal vez la mezcla de todas estas situaciones que tuve que confrontar durante todo mi embarazo fueron las causantes.

Podría mencionar muchas razones por las cuales Taisha Liz tuvo que enfrentar esta pesadilla, pero ninguna justificaría el que una inocente criatura recibiera tanto dolor al llegar a este mundo. Realmente, en esa ocasión, los médicos no pudieron explicar cómo, ni por qué, llegó esa bacteria a nuestra niña, no hubo explicación para nosotros. Quizás adquirió esta bacteria en el nursery del hospital, como otros cinco neonatos durante aquella misma semana en la que nació Taisha, pero el hospital nunca aceptaría esta opción. Lo que sí es cierto es, que la bacteria enterocolitis necrotizante, "NEC", destruyó el intestino grueso de nuestra hija, perforándolo, en al menos tres partes y arrasando con los nervios del mismo creando una condición llamada "Hirshprung Disease", por la cual a los dos meses de edad, pesaba menos que cuando nació. Fueron muchas las noches y días que pensamos en que sería el final para Taisha Liz. En una ocasión le llegué a pedir a Dios, que si era Su voluntad, se la llevara, pero que no la dejara sufrir más y quitara la incertidumbre de nuestras mentes de una vez y por todas. El desconocer el futuro y el no tener control sobre los eventos que nos ocurren, nos llevan a la dependencia de Dios. El que todo lo sabe. Quien conoce nuestros pensamientos más íntimos. El que tiene todas las respuestas y no necesariamente, nos las comparta. El que cuando somos débiles, nos hace fuertes. Porque entonces reconocemos, que aunque hagamos grandes cosas en el mundo, el control del hilo de plata en nuestras vidas, proviene de Dios.

Sé que en las noches en que había culto de oración, mi esposo salía del hospital y se iba al altar de la iglesia a orar. Entiendo que cómo Jeremías oraba y lloraba, é también lloraba y oraba, pidiendo la misericordia de Dios para nuestra niña y para nuestro hogar. Los hermanos, se afligían con él y también lloraban y oraban. Y sus oraciones eran contestadas, una a una, en el tiempo del Señor y fortalecían nuestras vidas.

Todos en la iglesia oraba por nuestra hija. Todos los hermanos, amigos, compañeros de trabajo y aún desconocidos a los que llegaba la historia de Taisha Liz, oraban en sus iglesias por ella. Después de cuatro operaciones, durante ese primer año de vida, Taisha Liz vivió. No por la colostomía que le hicieron, ni por todas las operaciones y estadías en el hospital. Vivió, porque la misericordia de Dios la cubrió y la sanó. Recuerdo intensamente, la última operación que le practicaron. Cuando por fin la pude ver, por poco me desmayo. No sé si fue la impresión de verla tan inflamada, si fue todo el dolor guardado inconscientemente, durante ese año, o si es que presentía que con esta operación todo iba a mejorar. O si, por el contrario, esta sería la última operación o recuperación que Taisha Liz tendría, antes de morir. Lo que sí es cierto es que el médico apenas quería hablar conmigo.

Tenía por costumbre entrevistar al médico, después de cada operación, cada día, mientras ella estuviera hospitalizada, indagando acerca del progreso de Taisha Liz. En esta ocasión el cirujano se mostró muy esquivo y me daba excusas para no responder a mis preguntas, indicándome que tenía que ir a una operación o atender a otro paciente que estaba más grave que Taisha Liz. Esto me parecía bastante normal, pero creaba ciertas dudas acerca del por qué Taisha Liz no progresaba como debía hacerlo. El sabía que la operación que le había realizado a la niña no había sido lo exitosa que debía haber sido, pero no nos dijo nada. Al pasar los días, Taisha Liz empeoraba. El médico entraba a diario a la habitación saludaba, la examinaba y se iba, sólo contestaba someramente, lo necesario. Una tarde, tres o cuatro días después de la operación mi niña no mejoraba. Entonces, recibimos la visita de un hermano pastor. Después de explicarle la delicada situación de Taisha Liz - que ni reaccionaba a la operación, porque no había evacuado y por lo tanto, no le podían retirar el tubo nasogástrico que le succionaba los desperdicios de su cuerpo, ni quitar el TPN (Total Parenteral Nutrition) o alimentación intravenosa vía sub-clavia - oró por la niña. Al otro día, evacuó y dio indicios de comenzar a mejorar. A la semana de la operación fue dada de alta, de la que fue su cuarta y última operación, a Dios gracias. Y ese mismo fin de semana cumplió un añito de edad y la familia se reunió en nuestro hogar, para celebrar el primer año de Taisha Liz y el Día de las Madres, pues su primer año de vida se cumplió ese domingo. Todo esto ocurrió después de que éste hermano hiciera una oración muy particular... en la que le pidió a Dios, en detalle, lo que Taisha Liz necesitaba para mejorar y que fuera dada de alta del hospital.

Pienso que a Dios le agrada que cuando le oremos, lo hagamos indicándole todo con detalles. No es que Dios no sepa qué es lo que queremos, pienso que nosotros mismos debemos saber lo que deseamos, con lujo de detalles, para que cuando se cumpla, nos demos cuenta de que realmente Dios escucha nuestras oraciones y contesta conforme a su voluntad perfecta para nuestras vidas y corazones. *Mi Dios, pues, suplirá todo lo que os falta, conforme a sus riquezas en gloria en Cristo Jesús.* Filipenses 4:19.

Recuerdo que en una de las visitas de seguimiento en la oficina del cirujano, luego de la última operación, el médico nos confesó que él sabía que Taisha Liz era un milagro de Dios, porque con la operación que él le había realizado a la niña, esta no tenía posibilidades de haber sobrevivido. Así que si hoy Taisha Liz se desempeña como cualquier otra niña de su edad, gusta de practicar el deporte de pista y campo, además de tener un buen promedio académico y haber cumplido sus quince años, se debe a que Dios siempre ha estado en control, aun cuando no conocíamos sus planes y sus propósitos. No desmayes, por terrible que consideres tu situación, cuando se lo permitimos, Dios siempre está en control.

¿Sabes que Dios capacita a los hombres para que ejerzan ciertas funciones en pro de la humanidad? ¿Cuánto más para bendecir a sus hijos? Debo reconocer públicamente que el majestuoso Dios, puso dos excelentes pediatras, un cirujano pediátrico y un gastroenterólogo pediátrico excepcionales, en nuestro camino. A estos les estaremos eternamente agradecidos. Estos cuatro Caballeros de la Medicina, no vieron a Taisha Liz como una niña más, sino que le dieron cuidados tan esmerados como lo habrían dado a sus propios hijos. Tan así que al día de hoy recuerdan a esta niña como un Milagro de Dios. A ustedes cuatro y a todo su equipo de trabajo en hospitales y oficinas, gracias.

Taisha Liz fue intervenida en cuatro ocasiones durante su primer año de vida. Se le practicó una colostomía a los dos meses de edad y le fue revertida a los doce meses de edad. Se le eliminó el intestino grueso o colon y durante un año estuvo en tratamiento para que el hilio, o intestino delgado, asumiera las funciones del intestino grueso. Este proceso fue tan o más doloroso que los anteriores, pues yo debía dilatarle el intestino diariamente, a través del recto, por un período indeterminado de tiempo, para evitar que la cicatriz de la operación obstruyera su intestino y evitar que tuviera que llevar una colostomía de por vida.

En un principio, el proceso lo realizaba el doctor en su oficina. Luego de aprendido, me tocó a mí la tarea en mi hogar, tres veces al día, todos los días. Este fue un proceso muy traumático para todos, especialmente para la niña y para mí como madre y mujer. Otras cosas por las que Taisha Liz pasó durante la recuperación de esta última operación, fue el continuo flujo de ácido, que salía casi cada cinco minutos, por su ano, junto a la excreta. O sea, evacuaba cada cinco minutos junto a los ácidos que se supone absorbiera el colon, que ya no tenía. De manera que el área de la genitales y glúteos, se quedaba sin dermis, o piel y había que lavarle el área cada cinco minutos. Tan doloroso era para ella, el no tener piel en su genitales y evacuar todos esos ácidos, como el tener que ser lavada con agua y jabón cada cinco minutos día y noche. Este dolor era tan intenso y agudo que cada vez que se le aplicaba agua y jabón, ella hacía lo indecible para evitarlo. Pateaba y gritaba con todas sus fuerzas, para evitar que la bañaran o lavaran sus partes íntimas. No hubo ungüentos, ni cremas, que pudieran ayudarla a soportar ese terrible ardor.

Sé que hoy día, esta condición que tenía mi hija se cura con una solución líquida, que al ser irrigada al intestino, elimina toda bacteria, evitando las complicaciones y más aún las perforaciones del colon. Pero esos adelantos tecnológicos y científicos no los había cuando mi niña nació.

Uno de los milagros que Dios hizo en Taisha Liz fue que al momento de ser operada, por primera vez, a los dos meses de nacida, se descubrió que su intestino estaba perforado en más de un área, pero nunca le causó sepsis (infección en la sangre provocada por bacterias), porque la excreta nunca salió del intestino, ni provocó una infección mortal, sino que permaneció dentro del mismo intestino, increíble y milagrosamente. El período de recuperación de la última operación duró aproximadamente un año. Apenas durmió durante esos primeros dos años de vida. Su crecimiento fue muy lento. No hablaba, sólo hacia señas y ruidos nasales. Comenzó a silabear, a los tres años de edad. Además, padeció de reflujo severo, sinusitis severa, infecciones de oído recurrentes, gastroenteritis frecuentes y secundarias a éstas, deshidrataciones recurrentes. Además tuvo que tomar terapia del habla, terapia sicológica y terapia ocupacional. A los tres años de edad dijo mami y papi por primera vez y, créanme, todos lo celebramos, y dimos gloria a Dios por eso.

El proceso de sanidad general de Taisha Liz duró cerca de cuatro años, pero las cicatrices emocionales han marcado gran parte de su niñez y adolescencia. Fueron casi cuatro años de dura prueba. A los cuatro años de edad comenzó en un centro pre-escolar. Tuvo que tomar las terapias para estar a la par con los de su edad. En fin, todos sufrimos con Taisha Liz y hoy todos nos regocijamos al ver que aquella recién nacida, a la que todos pronosticaban una muerte segura, hoy día es una jovencita saludable, atleta destacada y estudiante del cuadro de honor de su escuela.

No es fácil vivir y sobrevivir, a una experiencia de esta magnitud. Sólo los que han pasado por el valle de sombra y de muerte, pueden comprender de qué les hablo. Tal vez sea por esto, que nos tocó a nosotros vivir esa pesadilla de la vida real. El sólo hecho de recordar este cuadro me hizo revivir con dolor y agradecimiento al Todopoderoso Dios, por haber escuchado nuestras oraciones.

Gracias a todos aquellos que oraron por nosotros. ¡Que el Señor les bendiga rica y abundantemente!

No sé a cuántas personas llegue este libro, ni cuántas hayan pasado o estén pasando por el valle de sombra y de muerte, que describe el Salmo 23:4, pero tengan en cuenta lo que el salmista David, muy bien declaró: *Aunque ande en valle de sombra de muerte, no temeré mal alguno, porque tú estarás conmigo; Tu vara y tu cayado me infundirán aliento.*

El Salmista, sabía que en medio de las más terribles pruebas y circunstancias, Dios estaría siempre a su lado. Doy fe de que este mismo Señor, que le infundió valor y fortaleza en los momentos más tristes al Salmista David, también a mi familia y a mí nos ha fortalecido, como fortaleció a Marta, la hermana de Lázaro, en Juan 11:40: *Jesús le dijo: ¿No te he dicho que si crees, verás la gloria de Dios?*

De joven, el Salmo 23 me acompañaba a todas partes, porque lo tenía grabado en mi corazón. Era uno de mis Salmos favoritos, especialmente su primer versículo: Jehová *es mi Pastor y nada me faltará.*

¡Qué maravillosa expresión del Salmista David, qué profundidad, qué confianza en un Dios real! Ciertamente no hay mejores palabras para describir lo oportuno de Dios en nuestras vidas. ¡Maravilloso! ¡Glorioso! ¡Majestuoso! ¡Santo, Santo, Santo! Amén.

Contrario a lo que muchos pensaron e incluso las estadísticas sociales, nuestro matrimonio comenzó a fortalecerse en medio de aquella terrible prueba. Nos consolábamos mutuamente. Nuestras familias se unieron a nuestro dolor. Nuestros hermanos en Cristo de toda la isla de Puerto Rico, compañeros de nuestros respectivos trabajos, las iglesias a las que ellos pertenecían, aún sin conocernos, se mantenían en un constante clamor a Dios por la salud de nuestra recién nacida. A todos ellos gracias. A nuestro Dios, ¡Gracias Papito Dios, Gracias!

Taisha sufrió tanto durante los primeros dos años de vida, que se convirtió en la niña mimada de la familia y amigos. Luego nació Leslie Ann. Atravesando por la recuperación de la última operación de Taisha, quedé embarazada, nuevamente. En esta ocasión y debido a lo traumático de la experiencia previa, me negaba a mi misma el derecho de disfrutar de mi embarazo. Fue un trago muy amargo cuando me enteré de mi estado. Me deprimí. Lloré. No fue sino hasta los cuatro meses de gestación que decidí que debía cuidar de mi embarazo.

En ese tiempo, todavía tenía que bañar a Taisha Liz, cada vez que evacuaba. Aparentemente, la fuerza que yo debía hacer para poder sostenerla mientras la bañaba, me afectó. Comencé a tomar medicamentos para retener a mi nueva bebé, porque presenté contracciones prematuras desde los cuatro meses de embarazo. Debía descansar, acostarme y no hacer fuerza. Así que deben creerme cuando les digo que ciertamente, Dios, estaba en control de mi embarazo, porque yo no podía permanecer sentada, pues debía atender a Taisha Liz que tenía un año de edad y a Cindy que tenía tres de edad. Estaba sola cuidando de las niñas. Los fines de semana, mi madre y mi hermanita, Liz, viajaban desde el pueblo de Las Marías, para ayudarme con los quehaceres del hogar y con las nenas, para que yo pudiera recostarme y descansar un rato.

Al avanzar el estado de gestación, no podía ni doblar ropa aunque estuviera sentada. Si levantaba los brazos muy altos me daban contracciones y si me tomaba los medicamentos, se controlaban las contracciones pero mi pulso se aceleraba y me daba taquicardia. Si me tomaba el medicamento que me controlaba la taquicardia, me daba sueño y no podía dormir porque tenía que cuidar a mis niñas, así que aunque parezca terrible este cuadro, esta fue mi realidad durante el último embarazo. Siempre dependí de Dios y les aseguro que de no haber creído en Dios, ni haberle creído a Dios, no lo estaría contando ahora, con la certeza y satisfacción de saber que, aunque fue muy duro, mis hijas hoy están bien y mi matrimonio sigue en pie.

Le agradezco a Dios por darme una madre tan especial, que siempre está atenta a mis necesidades, y en cuanto le es posible, me acompaña y ayuda en todo lo que está a su alcance. Me imagino que, del mismo modo que mi madre busca ayudarme en todas mis situaciones, Dios, nuestro Padre Celestial, está siempre dispuesto a ayudarnos cualquiera que sea nuestra necesidad. *Los ojos de Jehová están sobre los justos, y atentos sus oídos al clamor de ellos.* Salmo 34:15

Mi esposo tuvo que buscar un trabajo adicional para cubrir los gastos médicos y sostener el hogar. Antes de tener a Taisha Liz, la economía en el hogar era difícil, ahora no estaba mejor. Casi no veía a mi esposo, salía temprano y llegaba tarde en la noche. Por mi parte, yo casi no dormía. A eso de las tres de la mañana, yo estaba en la cocina horneando bizcochos, o en la mesa del comedor, haciendo lazos o diademas para vender y ayudar con algunos gastos del hogar. Además, la condición de Taisha Liz no me permitía dormir más de dos o tres horas corridas. Realmente, estaba extenuada.

Así continuamos con nuestro embarazo, "una de cal y otra de arena", reza un proverbio de nuestra isla. A los siete meses del último embarazo, Cindy se enfermó y hubo que hospitalizarla. Tenía una fiebre muy alta que no cedía con ningún medicamento. Los estudios de sangre que se le realizaron revelaban que sus glóbulos blancos estaban demasiado elevados. De hecho, uno de los estudios reflejó que tenía más de 60,000 glóbulos blancos, lo que es realmente alarmante, cuando no hay una infección de orina presente, según dijeron los pediatras. Al hospitalizarla, el pediatra la refirió a una hematóloga, quién la atendió y me indicó que la niña presentaba un cuadro clínico de leucemia, o cáncer en la sangre. No puedo describirles ese momento, y no sé si lo puedan visualizar. Fue una noticia que nadie desea recibir acerca de un hijo y menos después de haber sufrido tanto, con otro hijo y estando en el séptimo mes de gestación.

Mi corazón latió tan fuertemente que lo pude escuchar latir en mis oídos. El pulso se me aceleró. Me puse fría y caliente. El estómago me dio "un salto". Pero contuve mis lágrimas, me despedí de la doctora y me senté al lado de Cindy. Cindy, es la mayor de mis hijas, siempre había sido una niña precoz. Hablaba desde el primer año de edad. Conversaba con todo el mundo y siempre estaba dispuesta a hacer un descubrimiento nuevo, o una travesura nueva. Cuando íbamos a la iglesia, en los servicios especiales, mientras los hermanos oraban en el altar, ella se paraba detrás de cada hermano, colocaba su manito sobre la cabeza, espalda u hombro del hermano y comenzaba a orar por ellos. Siempre fue una niña bien "despierta", como decimos en Puerto Rico, y "mullidita" pues le gustaba comer mucho y tomar mucha leche. Y ahora, estaba totalmente callada y quieta. La fiebre no la dejaba ni abrir sus ojitos. Y no deseaba hablar, ni mucho menos, comer. Mi esposo llegó a la habitación, pues él debía quedarse esa noche con Cindy, porque a mí no me lo permitían. Como pude, le comuniqué la noticia. Enmudeció, y cuando me dirigió la palabra, para despedirnos, me pidió que no llorara para que el bebé no fuera a sufrir conmigo. Me dirigí a mi hogar y él se quedó con la tristeza dibujada en su rostro y grabada en su corazón. Otra vez nos adentrábamos en el valle de sombras y de muerte.

Al llegar a mi casa, me tiré de rodillas al pie de mi cama y le pedí a Dios que no se llevara a Cindy. Le dije que no podía soportar todo este sufrimiento. Que permitiera que el diagnóstico estuviera equivocado. Y lloré más de lo que pude hablar. Lloré ante Su Presencia, hasta que me quedé profundamente dormida y llena de paz, esa paz que sobrepasa todo entendimiento. No me cabe la menor duda de que sólo la gracia de Dios es la que nos sostiene. Se los aseguro. Al otro día el pediatra me indicó que el diagnóstico estaba equivocado. Gracias doy a Dios, que fue un diagnóstico equivocado y que la niña solo tenía pulmonía. Estuvo hospitalizada durante poco más de una semana, bastante delicada de salud, pero ya a las dos semanas, se encontraba en perfecto estado de salud nuevamente, comiendo, hablando y haciendo nuevos "descubrimientos" o travesuras. ¡Gloria a Dios!

Al cumplirse el tiempo del alumbramiento, nació Leslie Ann. Ella tuvo que permanecer hospitalizada al nacer. Nació con hipoglucemia, infección de orina y necesitó recibir fototerapia, pues también le subió la bilirrubina. Sólo estuvo hospitalizada durante una semana después de haber nacido. Una de las semanas más largas de mi vida. La dieron de alta, la enfermera la vistió con su ropita nueva, la llevamos a nuestra casa y la colocamos en su cunita, lo que no pudimos hacer con Taisha Liz cuando nació. Leslie era una bebé bien calladito, y alegre, un ángel, como dijo el pediatra, y no se equivocó. Bueno, hasta que aprendió a caminar, porque después ya no vio más cuna, ni yo tuve tranquilidad. Al año le practicaron una cirugía menor, de la cual salió muy bien, gracias a Dios. En cambio, de Taisha Liz no puedo decir lo mismo. Es que las experiencias que vivimos con nuestros hijos son tan diferentes, como es diferente el frío y el calor, el sol y la luna, el día y la noche. Y cada uno debe ser tratado independientemente del otro, sin someterlos bajo el escrutinio de la comparación.

Debo decir que durante todos estos procesos, no estuvimos solos. Siempre contamos con el apoyo incondicional de los miembros de la iglesia a la que asistíamos, vecinos y amigos. Sus oraciones, apoyo físico, espiritual, emocional y económico, nos ayudaron a pasar por el valle de sombra y de muerte y a levantarnos cada día en victoria, no mirando nuestras circunstancias, sino mirando al blanco de la soberana vocación, que es Cristo Jesús, Señor nuestro.

Los seres humanos atraviesan por las mismas situaciones. Sin distinción de raza, sexo, color, creencias religiosas o clase social, todos estamos expuestos a vivir las mismas realidades. La diferencia estriba en la forma en que vemos nuestras propias realidades. Los sicólogos dicen que hay dos formas de ver un vaso: medio vacío o medio lleno. Como Creyentes en Cristo Jesús, no debemos perder de perspectiva sus promesas, la *Biblia* está llena de ellas. Además, ¿Cómo sabremos que creemos en él, si nuestra fe nunca es probada? Yo les aseguro, que para el que cree, todo le es posible. *Jesús le dijo: Si puedes creer, al que cree todo le es posible.* Marcos 9:23.

Hermanos míos, tened por sumo gozo cuando os halléis en diversas pruebas, sabiendo que la prueba de vuestra fe produce paciencia. Santiago 1:2-3..

II. JUVENTUD DIVINO TESORO

Hijo mío, guarda mis razones, y atesora contigo mis mandamientos.

Proverbios 7:1

De niña siempre asistí a la iglesia del pueblo. Hice la primera comunión y creí haber cumplido con los deberes de todo cristiano, incluyendo la confesión de mis pecados. Recuerdo que mi hermana mayor y yo, íbamos solas a la iglesia todos los domingos. Caminábamos cerca de media hora o cuarenta y cinco minutos hasta llegar, pero no nos importaba, nadie nos obligaba, lo hacíamos por gusto y por fe. Así crecimos. Un buen día, durante la etapa de la adolescencia, nuestros padres decidieron que debíamos mudarnos para el pueblo de Las Marías, un pueblito ubicado en la zona rural del área oeste de Puerto Rico, en busca de una mejor calidad de vida y un lugar más adecuado para educarnos, lejos de los atractivos que la urbe ofrecía.

Recuerdo la tarde en que partimos, de la que había sido nuestra casa por tantos años, mi padre, mi hermanita menor y yo. Atrás quedaban mis amigos, vecinos, primos, tíos, abuelos, escuela y mi hermana mayor, quién deseaba terminar el año escolar en su escuela superior. Yo iba llorando, porque no deseaba irme de aquel lugar.

Mi padre iba guiando muy despacio, por la calle en la que aprendí a correr bicicleta y en la que tantas historias escribimos, como si no quisiera marcharse, tal vez con un poco de arrepentimiento y duda del paso que en aquel momento daba, titubeante, ante el nuevo rumbo que nuestra vida tomaba, en ese melancólico suceso. Mi hermanita pequeña, Liz, jugaba con un juguete atado de un cordón. De repente escuchamos un fuerte grito y mi padre detuvo el auto abruptamente. Con doloroso asombro, observamos como aquel peculiar y aparentemente inofensivo cordón, se había enredado en la goma del auto y en el bracito de Liz, el cual, en una fracción de segundo adicional habría desgarrado del cuerpo de aquella dulce niñita de cinco años. Son esos segundos de la vida los que cambian el curso de nuestra historia. No sucedió nada más que un buen susto y una herida que con el tiempo curaría, pero que marcaba una contundente y muy dolorosa despedida.

La tarde se vestía de noche, durante las casi tres horas de camino hacia nuestro nuevo hogar. El camino parecía interminable. Atrás quedaban los dulces recuerdos de mi niñez, la ciudad y sus comodidades. De frente lo desconocido, una vida nueva. La ruta, a través de una carretera estrecha con curvas seguidas una de la otra, hacia el apartamento que se convertiría en nuestro hogar por espacio de varios meses, mientras nuestra casa era construida. El típico camino hacia el campo, diseñado bordeando las montañas, con escasas residencias, en su mayoría construidas a la orilla del camino y en madera con techos en zinc. Muy pocos autos la transitaban, excepto por las áreas más pobladas. A lado y lado bordeada de árboles, helechos gigantes, barro rojo y densa neblina. Con una mezcla de olores a árboles, tierra húmeda, hojas secas mojadas por la lluvia.

Al llegar al apartamento, mi madre salió a nuestro encuentro para encontrarse con la historia del bracito de Liz. Entre lágrimas de tristeza y agradecimiento, porque la niña aún conservaba su brazo, nos recibió y así comenzamos en la aventura de lo desconocido, rompiendo con todo el pasado y lanzándonos hacia una etapa nueva en nuestras vidas. El proceso de adaptación fue algo difícil. La adolescencia de por sí, es un proceso de cambios drásticos y si a esto le sumamos un cambio radical de ambiente y amigos, sólo nos restan los buenos recuerdos y muchas lágrimas que secar.

El primer día de clases, casi a final del curso escolar, fue difícil. Siendo que vivimos en una isla de cien millas de ancho por treinta y cinco de largo, no se habla igual. Cada área de nuestra isla tiene cierto código de palabras que las distinguen de las otras áreas. Mi forma de hablar era "diferente", al resto del grupo y mis compañeros de clase usaban palabras que eran desconocidas y nuevas en mi vocabulario. No pasaron más de dos o tres semanas y mi hermana, Maryline, se mudó con nosotros y se matriculó en la misma escuela en que yo estaba. Necesitaba estar con nosotros y nosotros la necesitábamos a ella. Una familia debe apoyarse mutuamente y estar unida, por el bienestar común de sus miembros, manteniendo el amor y respeto mutuos. Nos tomó más de un año adaptarnos a la vida sedentaria y pacífica del campo.

Los cambios marcan nuestras vidas, pero son parte esencial de la misma y no debemos evitarlos, más bien administrarlos con sabiduría. En tres años más, volvería a enfrentar otro cambio de ambiente, aún más difícil que el primero.

En el 1980, me gradué de escuela superior y comencé mi carrera universitaria. Digo carrera, porque realmente deseaba tomar un curso corto, casarme, tener mi familia y vivir en paz y tranquilidad como toda ama de casa debería. al menos esos eran mis planes (ignorancias de juventud). Pero como todo en la vida es sacrificio, para ir a estudiar tuve que, nuevamente, cambiar de residencia. Ahora me tocaba vivir lejos de mis padres, pues me tenía que hospedar en Mayagüez, cerca de la universidad, y mi medio de transporte era una bicicleta de tres velocidades, que al cabo de un año de uso me robaron. El alejarme de mis padres y hermanas fue un proceso aún más doloroso que el primero, porque nunca había gustado de quedarme fuera de mi casa. Era muy apegada a mis padres y hermanas, así que el llanto, en muchas ocasiones durante la noche, era mi forma de desahogo. Pero como todo cambio en la vida, también lo superé.

Ese primer año en la universidad y fuera de la tutela de mis padres, fue como aprender a sobrevivir en la jungla que es la vida real. Aunque anhelaba los fines de semana, para regresar a mi hogar, la mayor parte del tiempo la pasé lejos de mi hogar. Es irónico, cuando estamos con nuestros padres, la protección y seguridad que sentimos pasa desapercibida, pero cuando esa tutela y protección son amenazadas por la misma sociedad, la soledad y la inexperiencia nos llevan a luchar hasta desarrollarnos como seres independientes, con la capacidad de tomar decisiones propias, para bien o para mal. A los diecisiete años aún no sabía cocinar, realmente, mi madre se ocupaba de ese quehacer y nunca le presté mayor importancia hasta que tuve que hospedarme. Entonces comprendí cuán importante era aprender a hacer las faenas del hogar para lograr una vida independiente. Como nadie deseaba comer arroz ahumado, crudo o mogollado, mis compañeras de hospedaje hacían turnos para cocinar y se preparaba alimentos para todas, pero a mí me tocaba lavar los platos de todas en el hospedaje, todos los días, lo que no me agradaba del todo. De manera que presté más atención al arte culinario y aprendí, de manera que ya no tuve que lavar los platos de todas, al menos no todos los días. Esto lo atesoro como un grato recuerdo de esos primeros años de estudios universitarios.

Como toda joven universitaria, de aquella época, me encantaban las fiestas y los bailes. Los jueves eran "jueves sociales", salíamos a bailar a algún "party" o a la discoteca, a la bolera, al cine, o simplemente a comer mantecado y compartía con mis amistades y compañeras de hospedaje. Estudiaba, dormía y me divertía sanamente, era lo único en que invertía mi tiempo, practicábamos bailes nuevos y los poníamos en práctica tan pronto había la oportunidad. Así pasó el primer año.

Trabajaba a tiempo parcial en la universidad y con las ayudas económicas del estado, logré completar mi carrera universitaria. Sobre todas las ayudas que tuve cabe mencionar que sin el apoyo que tuve de mis padres, no habría logrado terminar el bachillerato. Aun cuando vivíamos con privaciones económicas, mis padres siempre buscaron los medios para que nunca faltara el alimento diario en mi mesa, durante 5 hermosos y trabajosos años de mi vida. Recuerdo que mi padre salía a vender los frutos de la finca, para darme la mesada semanal. En aquella época, en mi ignorancia, sentía vergüenza de salir con mi padre y que él tuviera que pararse a ofrecer plátanos o chinas a la venta. Pensaba que eso era denigrante pues no siempre la gente compraba lo que él ofrecía, sin embargo, él no se daba por vencido y se detenía más adelante y continuaba ofreciendo aquello que con sudor y trabajo había cosechado. Esto me hace pensar en: *Con el sudor de tu rostro comerás el pan hasta que vuelvas a la tierra, porque de ella fuiste tomado; pues polvo eres, y al polvo volverás.* Génesis 3:19 *Porque también cuando estábamos con vosotros, os ordenábamos esto: Si alguno no quiere trabajar, tampoco coma.* 2 Tesalonicenses 3:10

Los padres de mis compañeras de hospedaje les habían comprado autos. Unos eran nuevos y otros usados, pero todas tenían autos, a mí en cambio, me habían comprado una bicicleta, con mucho sacrificio de mis padres. En mi bicicleta viajaba del hospedaje a la universidad y de la universidad al hospedaje, de día y de noche. El ejercicio me hizo bien, ya que siempre estuve bajo peso y esto aumentó mi apetito y gané unas cuantas libras que me sentaron bien y elevaron mi autoestima.

En ese primer año de universidad conocí un joven, muy especial, con quien estuve comprometida por tres años. Poco a poco, mi familia entera le llegó a amar profundamente, por ser un joven sincero, respetuoso y cariñoso. Él pertenecía a una religión, de la cual practicaba sus doctrinas fielmente. Luego de casi un año de amistad comenzamos una relación formal de noviazgo. Aunque yo había considerado convertirme a su doctrina, para estar más unida a él, sucedió algo inesperado en mi vida. Luego de un serio problema familiar, mis padres aceptaron a Cristo como su salvador y sus vidas comenzaron a cambiar. Ellos pretendían que yo aceptara a Jesús en mi corazón. Me sentía obligada a acompañarlos a los servicios cúlticos y aquel pastor siempre hacía un llamado. Siempre mi corazón palpitaba fuertemente, pero no había quién me moviera de mi asiento para dar ese paso de fe. Yo pensaba que era una estrategia para que el matrimonio de mis padres no fracasara y para que nosotras (mi hermana mayor y yo), dejáramos de ir a fiestas, por eso no me quería comprometer. Sabía que si me comprometía tendría que renunciar a mi estilo de vida, que apenas comenzaba a "disfrutar". Ahora entiendo que Dios tenía otros planes para mí.

Durante el verano del 1981, la noche del 20 de junio, para ser más precisa y con el rostro bañado en lágrimas, acepté a Jesús como mi Salvador personal. Estaba un poco rebelde por las situaciones en mi hogar, aún así le entregué mi corazón y vida a Jesús y él me recibió sin reparos.

Recuerdo aquella noche en la que fui con el pastor de mis padres y con mi madre a un servicio especial que ofrecían en otra iglesia. Tenía tantas cosas pasando por mi mente. Cambios y más cambios, todos de prisa y sin mucho espacio para asimilarlos. Los problemas familiares eran los que más me angustiaban. Amaba a mis padres, pero a pesar de que no teníamos una buena comunicación en aquella etapa de nuestras vidas. No deseaba verlos sumergidos en tantas discusiones. Parecía que desde que estaban visitando la iglesia, estaban más tranquilos, se me hizo difícil creer que ellos realmente hubiesen cambiado. Nada me producía seguridad. No estaba segura si debía continuar con mi reciente noviazgo con aquel joven, si lo que estaba estudiando era lo que realmente yo deseaba estudiar, en qué lugar me hospedaría, si quería estar en aquella iglesia, es decir, me sentía un poco perdida en mis pensamientos, sin control sobre mi futuro, como un barco sin rumbo, naufragando en mis pensamientos, en mis metas. Sinceramente, nadie se podía imaginar cómo realmente me sentía, pero aquel predicador comenzó a disertar acerca de todas las cosas y situaciones que yo estaba viviendo, pero ¿cómo podía él saber? ¿quién le contó? Nadie sabía, lo único que él no mencionó en su discurso fue mi nombre. Aún no había terminado de predicar cuando yo estaba totalmente sumida en llanto. Él me llamó y fui al altar, acepté que todo lo que él decía era cierto para mi vida y para cuando regresaba a mi casa, ya no era yo, algo había cambiado en mí, con certeza no podía explicar, pero me sentía flotar, como si volara entre las nubes, como si fuera otra persona, algo me había tocado y transformado mi vida, para siempre.

Comencé a leer la *Biblia*, a asistir con regularidad a los servicios cúlticos, tenía sed de conocer a ese Maravilloso Dios. Leía la *Biblia* todos los días y cada día descubría cosas nuevas para mí. Tenía hambre de Dios, de conocerlo más y más personalmente. Oraba pidiéndole que me usara en la predicación. Deseaba que todos escucharan lo que me había pasado. Deseaba orar y ver milagros hechos a través de mis manos. No quería ver gente triste en la iglesia. Recuerdo que una vez escuché a unos pastores hablando sobre un asunto de salud y les comenté que Dios podría intervenir en ese asunto, ellos me miraron como si dudaran que el Dios que ellos predicaban fuera capaz de transformar las situaciones negativas en positivas, de cambiar el lamento en danza. *Has cambiado mi lamento en baile; desataste mi cilicio, y me ceñiste de alegría.* Salmo 30:11 Pero mientras más leía más preguntas tenía. Gracias a la paciencia, enseñanzas y consejos de mi pastor, y a través del estudio de la *Biblia*, las preguntas hallaban respuestas. Lo que más me inquietaba era el conocer cuál era la Voluntad Perfecta de Dios para mi vida, incluyendo el saber si el noviazgo que apenas había comenzado hacía algunos meses, debía continuar. A lo primero que tuve que renunciar fue al baile y las fiestas. Yo era una muchacha fiestera, me encantaba el baile, la ropa ceñida, el maquillaje y lucir bien "sexy". Aunque no tenía vicios de droga o alcohol, lo único que me llenaba era bailar y bailar. Esto me hacía sentir muy feliz. Pero, al pertenecer a una iglesia con unos dogmas y doctrinas religiosos tan estrictos, mi vida volvió a cambiar y tomó un giro totalmente opuesto al incipiente estilo de vida que llevaba. Dejé de ir a fiestas, bailes y discotecas, la vestimenta cambió y mi semblante también, pues reduje el uso del maquillaje. Me sentía feliz. Me congregaba tres o más veces por semana y tenía un nuevo amor, Jesucristo. Este cambio no le agradó al que era mi novio, y resintió la transformación que a simple vista se veía en mí. Pero más resintió el que yo cambiara por la religión que ahora practicaba y no por las veces que él me había pedido que cambiara. Fuimos novios durante tres años, le llegué a amar profundamente. Aunque teníamos planes de boda, siempre me cuestioné si eso estaba dentro de la voluntad perfecta de Dios, para mi vida. Durante esos tres años estuve orando para que el Señor tocara el corazón de aquel joven y a pesar de que fueron muchos los momentos en que Dios lo hizo, su creencia religiosa, doctrina, dogmas y el temor a lo que sus padres pudieran pensar, eran más fuertes que su voluntad y que el amor que decía sentir por mí.

Este joven poseía cualidades muy hermosas. Era atento, caballeroso, cariñoso, y muy detallista, pues gustaba de hacerme sentir bien en cada momento que consideraba especial para nosotros y obsequiarme una rosa, para recordarlo. Pero tenía una cualidad que opacaba las demás, era extremadamente celoso. Los celos están basados en la desconfianza. Y cuando uno desconfía, la relación se vuelve insufrible.

Siempre oré, pidiendo a Dios que ese joven experimentara en su vida lo que para mí era una realidad, la transformación que se alcanza cuando conocemos a Jesús, el Cristo. Y luego de casi tres años de noviazgo, con altas y bajas, Dios me habló, en un retiro de jóvenes al que asistí, con un grupo de compañeros de la universidad. Allí Dios habló directamente a mi corazón a través del testimonio de una joven que cursaba estudios pastorales. Ella relataba como aquél novio, al que ella amaba intensamente, le iba alejando cada vez más de la perfecta voluntad del Señor para su vida. Él tenía todos los detalles y atenciones que hacen sentir a una joven como una princesa, pero no le permitía tener amistades. Controlaba sus salidas, ella no podía hacer nada sin su consentimiento, porque esto le acarrearía discusiones o consecuencias no agradables. Dios ya le había indicado, en varias ocasiones, que ese no debería ser su compañero. Nos contó que una noche soñó, que luego de haberse casado con su novio, tuvieron una niña y el nombre de la niña era "Taré". Taré, era el padre de Abraham y cuando Dios llamó a Abraham estando en

Mesopotamia, le dijo explícitamente: y *le dijo: sal de tu tierra y de tu parentela, y ven a la tierra que yo te mostraré.* Hechos 7:3

Pero Abraham no obedeció y entre otras cosas llevó consigo a Taré, su padre. Taré significa atadura, un escollo en el camino, que retrasó el propósito de Dios para la vida de Abraham. De esta manera, Dios le mostró a esa joven que su novio sería un escollo, una atadura en su vida. El propósito del Señor para con ella era otro, pero ella debía de elegir y pese a que le costó sufrimiento logró romper esa atadura escogiendo servirle a Dios.

De más está decir cómo me sentí al escuchar aquellas palabras que fueron dichas para mí. Fue como si el mundo entero se terminara, me levanté del banco y salí corriendo hacia la habitación. Sabía que era la respuesta a mi oración. Tenía que terminar la relación o terminaría siendo presa de la misma y sin oportunidad de ser feliz. Mis amigas fueron tras de mí con la joven del testimonio, si mal no recuerdo. Me derrumbé en la cama y lloré. Lloré con un dolor tan intenso en mi corazón, que nadie, por más consuelo que intentaron darme, pudo acallar. No sé cuántos días o semanas lloré, lo que sí sé es que ya había tomado una decisión firme y nada me haría tornar hacia atrás.

Lo más difícil fue comunicarlo a mis padres y enfrentar al que fue mi novio, a quien mis progenitores habían llegado a amar sinceramente. Él se había ganado el cariño y respeto de toda mi familia. Si bien era respetuoso, trabajador, aplicado, detallista, amable y cooperador entre otras bellas cualidades, también era extremadamente celoso. Cuestionaba todo lo que yo hacía, con quién estaba, de qué hablaba, a qué hora había llegado al hospedaje, por qué, etc. Anhelaba que él cambiara y a veces deseaba cambiarlo yo misma. Deseaba más que nada, que conociera al Señor como yo le había conocido. Siempre le cuestionaba cosas que me intrigaban, sencillas, asuntos de la vida diaria, cosas tales a: ¿Cómo sería nuestra vida el día que nos casáramos? ¿Cómo criaríamos a nuestros hijos? ¿A cuál iglesia los llevaríamos? ¿Qué lugares frecuentaríamos? ¿Si tendría la libertad de ir a todos los servicios de la iglesia a la que yo asistiera? ¿Si podría ir a predicar la Palabra de Dios, cuando fuera requerido? En fin, me intrigaba cómo sería mi futuro junto al hombre que amaba, pero las respuestas que me daba, fueron claves en el momento de la encrucijada; al principio del matrimonio podría ir a mi iglesia y los niños irían con él a la suya. Todas las respuestas quedaban a su favor, conforme a sus creencias, sin espacio para mis opiniones y creencias; eso no fue una buena señal. Me causaba ira y gran confusión, pero yo seguía con él, aún cuando no nos veía juntos en el futuro. No podía aceptar que las cosas tuvieran que ser de esta manera. Fui algo caprichosa y mi terquedad costó el herir nuestros sentimientos y los de nuestras familias. Tarde comprendí que debí haber terminado con esta relación desde el momento en que su espíritu y el mío cambiaron de camino, o desde que me di cuenta que no debía continuar al lado de una persona que no confiaba en mí.

Todavía recuerdo claramente, como si lo volviera a vivir, el día en que le rompí su corazón. Él llegó a mi casa, y yo no podía dejar de llorar. Intentaba controlar el llanto para poder enfrentarle, sabía que debía decirle la verdad, por dura que fuera. Nuestro noviazgo debía terminar, para siempre. Cuando por fin logré controlarme un poco, salí al balcón y comencé a narrarle mi experiencia con Dios, en el retiro de la semana anterior. Varias veces Dios me había amonestado, pero no tan directamente. Porque, ¿de qué otra manera podría yo esperar que Dios me hablara sino a través de alguien que hubiera experimentado lo mismo que yo? Así que ya no había lugar a dudas, era yo la joven que habría de enriquecerme obedeciendo la Voluntad del Padre.

El hacer Tú Voluntad, Dios mío, me ha agradado, y tu ley está en medio de mi corazón. Salmo 40:8

Ya no le cuestioné más a Dios. No podía después de recibir un mensaje tan claro. Me costó lágrimas y dolor. Pero decididamente le enfrenté y le comuniqué mi decisión. Les aseguro que no fue fácil para ninguno de los dos, pero no me arrepiento, ni un sólo momento, de haber obedecido la voz de Dios. A pesar de todo, yo le amaba y con mucho dolor en el alma, temor y en obediencia a Dios, puse fin a mi noviazgo. Esa noche me comentó que hablando de nuestra relación con un compañero de trabajo, esa misma semana, él le sugirió que rompiera con el noviazgo, porque nuestros temperamentos no eran compatibles. A lo cual él le indicó que si Dios quería que la relación terminara me lo tendría que decir a mí, porque él sabía que yo obedecería a Dios, pero él no habría podido hacerlo. En ese momento el comprendió mi decisión y la aceptó.

Contrario a lo que yo pensaba que ocurriría él aceptó y se dio por terminado nuestro noviazgo de tres años. Sentí una paz interior tan grande, en mi corazón, en mi ser, que no les puedo explicar gráficamente. Lo que sí les puedo asegurar es que habíamos hecho lo correcto ante los ojos de Dios. Lo que mi Padre Celestial sabía me convenía. Cerraba un capítulo y se comenzaba a escribir otro que sería aún más profundo en mi vida. Sabía que no debía unirme en yugo desigual. *No os unáis en yugo desigual con los incrédulos; porque ¿qué compañerismo tiene la justicia con la injusticia? ¿Y qué comunión la luz con las tinieblas? ¿Y qué concordia Cristo con Belial? ¿O qué parte el creyente con el incrédulo?* 2 Corintios 6:14

Pero el amor que creía sentir por él, era mayor que mi voluntad. Así que proseguí con mi noviazgo, lo que fue un grave error. Sé que él me amaba intensamente, tanto así que al final de nuestro noviazgo descubrí que se había convertido en una obsesión.

Luego de haber acordado romper con nuestro compromiso, aquel joven se arrepintió y actuaba como si yo lo hubiera traicionado. El no podía entender mi relación con Dios y comenzó a aparecer en los mismos lugares en que yo estaba, no obstante lo hacía de forma poco evidente. Los meses que siguieron fueron insufribles, aún me reclamaba como si yo fuera su pertenencia, no me quería dejar ir. No había manera en que yo le pudiera explicar que ya todo había terminado entre nosotros. En una ocasión, luego de haber roto nuestro noviazgo, me quedé hasta tarde en la noche, en la biblioteca de la universidad, con el propósito de estudiar con un compañero para un examen final. No pudimos estudiar, porque tuvo otro examen que confligió con el horario en el que habíamos acordado reunirnos. Recuerdo que este joven se disculpó por haberme hecho esperar y se ofreció a acompañarme a mi hospedaje, pues era tarde en la noche. Al llegar a mi hospedaje vi que, sentado en la sala, se encontraba el que había sido mi novio.

Me despedí de mi compañero, entré al hospedaje, saludé a todos, incluyéndolo a él y me fui al cuarto, molesta, por la insistencia de éste joven en visitarme. Yo no deseaba hablar con él, pero él no podía entenderlo. Hablar con él, verlo, me creaba ansiedad. Así que me quedé en mi cuarto y no le presté mayor atención a este asunto, que yo creí haber terminado. Pero estaba equivocada. Lo que para mí era parte del pasado, para él no lo era. Así que él regresó a la camioneta de trabajo, en la que había venido a visitarme, buscó un machete y a esa hora de la noche, aproximadamente las once de la noche, se fue al patio del hospedaje y cortó, airadamente, todo el pasto. En ese momento, sentí un gran temor, y nunca he podido olvidar esa escena de mi vida.

A simple vista él no demostraba sus celos, pero en ocasiones temí por mi vida, aún después de haber terminado con el noviazgo. En ese momento comprendí porqué Dios nos había separado. Terminado el patio, se paró detrás de la ventana de mi habitación, que estaba cerrada. Comenzó a tocar con fuerza, la misma y a llamarme. Me hablaba con autoridad, como quién posee algo, que es suyo y que debe obedecer la voz de su amo. Como trataba de no prestarle atención, comenzó a hablar en voz más alta y me exigía que le llevara un vaso de agua. De más está decir que todas en el hospedaje nos asustamos grandemente. Accedí a llevarle el vaso de agua, temiendo por mi vida. Sabía que si no lo atendía, el continuaría dando golpes en la ventana, y sabe Dios, que otra cosa habría hecho, con la ira tan grande con que él hablaba y demostraba.

Conversamos, dentro del hospedaje y le dije que no podía volver a ser su novia, si realmente yo deseaba obedecer el llamado que Dios había hecho en mi vida. Le pedí que rehiciera su vida, sin mí. Él era joven y tenía toda su vida por delante. Tuve que explicarle el por qué había llegado acompañada por este otro joven al hospedaje. Él escuchó, pero no demostró interés alguno en lo que le había dicho. Luego de una larga conversación y de explicarle todo su mal entendido, nos despedimos y se fue. Esta no fue la única vez que él me fue a visitar.

En otra ocasión, me encontraba conversando con mi prima, en nuestra habitación del hospedaje. Acababa de llegar de la biblioteca, de la universidad. Estábamos hablando acerca de las cosas que Dios hace. Luego le dije a mi prima si quería orar conmigo y antes de que ella contestara, escuchamos la voz de él detrás de la ventana. Dijo que él también quería orar con nosotros. Las dos nos miramos, asombradas y asustadas. Otra vez estaba allí. No nos quedó otra opción, le abrimos la puerta de la sala y dialogamos con él. Luego mi prima se retiró a la habitación y volvimos a hablar del mismo tema, nuestro noviazgo. El me indicó que me había visto mientras estaba en la biblioteca y me había seguido hasta el hospedaje, sin que yo me diera cuenta. Así por el estilo, fue pasando el tiempo y cuando menos me lo imaginaba aparecía por el hospedaje. Llegaban flores para mi cumpleaños, obsequios, etc. Hasta que un buen día, él mismo tomó la decisión más correcta para su vida y para la mía. Aceptó un trabajo fuera de Puerto Rico.

Más tarde comprendí que había sido el mismo Dios, el que le había dado la salida, para que ya no estuviera físicamente, ni mentalmente cerca de mí y yo pudiera continuar con mi vida, y él con la suya. Su familia nunca me aceptó, porque yo era de una religión distinta a la de él. Temían que yo pudiera convencerlo y que él terminara cambiando de religión, por mí. Esto nunca pasó, pero sí

oraba para que sucediera. Anhelaba que sucediera un cambio en él.
Pero el cambio de religión no cambiaría su corazón, por más que asistiera a la misma iglesia a la que yo asistía, no habría habido un encuentro verdadero y genuino, con Dios. Y eso es lo que verdaderamente importa. Nuestra relación personal con Dios, no puede ser sustituida por nadie, ni por nada. Es del corazón del hombre al corazón de Dios. De tú a tú. De Padre a hijo. De amigo a amigo. De hermano a hermano. Sincera, abierta, genuina y pura. Realmente, nadie puede cambiar a nadie que no desee ser cambiado. Mucho menos, convertir a otras personas, por nuestra propia conveniencia. La conversión nace en el corazón del hombre, no del interés de nadie más. Así pasó el tiempo y poco a poco fui superando esta triste experiencia. La mejor medicina para un corazón herido es el tiempo, y el tiempo que pasamos ante la presencia de Dios. *Los sacrificios de Dios son el espíritu quebrantado; Al corazón contrito y humillado no despreciarás tú, oh Dios.* Salmo 51:17

Mi familia no podía entenderme, pero el tiempo ha sido mi mejor testigo. *Todo tiene su tiempo, y todo lo que se quiere debajo del cielo tiene su hora.* Eclesiastés 3:1.

Me consolaba pensar en la fidelidad de Dios. Porque sé que Él es fiel. Sabía que, seguramente, ya había separado a la persona adecuada para mí. Un joven que practicara la misma fe que yo, que le sirviera de corazón, con temor y temblor, que no limitara la Voluntad de Dios en nuestras vidas. Una ayuda idónea el uno para el otro. Había pasado cerca de un año, cuando conocí al que hoy es mi esposo.

El haber pasado por experiencias tan difíciles, me lleva a pensar en las relaciones de maltrato físico y/o emocional, violencia doméstica, a las que tanto hombres, como mujeres son sometidos durante una relación. Como dice un refrán: "hay amores que matan". Es mejor actuar a la primera señal de peligro y no quedarse a esperar a ver cambios, que no van a suceder, a menos que uno de los dos le permita a Dios intervenir en ese asunto. Te recuerdo lo que la *Biblia* dice: Sobre *toda cosa guardada, guarda tú corazón; porque de él mana la vida.* Proverbios 4:23 Guarda tu corazón de emociones engañosas, porque: *Engañoso es el corazón, más que todas las cosas, y perverso; ¿quién lo conocerá?* Jeremías 17:9

Lo que proviene de Dios permanece, es limpio y puro. No debemos poner nuestro corazón, mente, sentimientos, metas, caprichos, en todas las cosas que creemos que son buenas. Recuerda que: *Por sus frutos los conoceréis.* Mateo 7:16 No te dejes engañar por tus emociones, o por el aspecto de las cosas, recuerda que no todo lo que brilla es oro, también la pirita brilla, pero no tiene valor alguno. Pídele dirección a Dios, y él te mostrará la senda de la vida, porque en su presencia hay plenitud de gozo. *Me mostrarás la senda de la vida; En tu presencia hay plenitud de gozo; Delicias a tu diestra para siempre.* Salmo 16:11.

Cuando uno está en una relación por amor y luego ese amor se convierte en temor, se debe ser muy cuidadoso. Hay que escudriñar la relación antes de cometer el error fatal de casarse o unirse a un hombre o mujer, que desde el noviazgo está dando señales de peligrosidad. Dios nos ha llamado para que en cuanto esté de nuestra parte procuremos estar en paz con todos los hombres (mujeres, humanidad). *Si es posible, en cuanto dependa de vosotros, estad en paz con todos los hombres.* Romanos 12:18 Incluyendo nuestro compañero o compañera, amigo o amiga, hermano o hermana, padre o madre, hijo o hija. De manera que debemos ser sabios y no niños fluctuantes, inseguros y caprichosos.

Otro aspecto muy importante es que no debemos guardar rencores. Los problemas deben ser dialogados a tiempo. No dejemos pasar las cosas que no nos agradan o que nos hieren, guardando en nuestro corazón sentimientos arbitrarios, porque en algún momento esas emociones van a relucir y los resultados puede que no sean agradables para ninguna de las partes. Recuerda: *Airaos pero no pequéis; no se ponga el sol sobre nuestro enojo, ni deis lugar al diablo.* Efesios 4:26-27

Si tenemos diferencias debemos resolverlas antes de ir a dormir, de despedirnos de nuestro novio o novia, compañero o compañera, amigo o amiga, o bien del esposo o esposa al lecho conyugal. No es saludable, para nadie, el guardar resentimientos, que se pueden convertir en fortalezas de odio, que destruyan a los seres que amamos, niños, hogares, familias y que redunden en la destrucción de nuestra sociedad.

Una de las características que notamos en el hombre o la mujer que vive bajo este yugo, es que en la mayoría de los casos, pierde la libertad física, mental y espiritual y por ende hasta su amor propio. Pierde la libertad física, porque sus salidas son totalmente controladas, se les prohíben las amistades, el desarrollo profesional y la vida social muere. Cautiva su mente y le hace creer a la persona que no es inteligente, que sus ideas no son importantes, que fuera de él o ella, no sería nadie. Que no posee ningún atractivo físico o intelectual. Intenta subyugar su mente y les hacen vivir en una

43

depresión constante, o caen en depresión con frecuencia. Es lamentable que la persona que está dentro de este escenario, no se dé cuenta de lo que le está pasando. Se convierte en actor, no en espectador. No puede diferenciar su realidad, de su fatalidad. Y lo peor de todo es que suele pensar que algún día todo estará bien y que su compañero o compañera va a cambiar. La mala noticia es que si no le abren la puerta de sus vidas a Dios, sus sueños se convertirán en pesadillas. Peor aún, hay personas que se hacen llamar cristianos porque asisten con regularidad a alguna iglesia y que subyugan a sus compañeros (esposos o esposas), usando la *Biblia*, como muletilla para lograr sus propósitos. Me parece que en nuestra sociedad, el maltrato físico y/o emocional, ha alcanzado unos niveles alarmantes, esto se ha convertido en lo usual, la moda. Dejar de ser uno mismo, o lo que Dios quiere que seamos, para ser lo que esa otra persona quiere que seamos, parezcamos, actuemos y pensemos, no es la solución perfecta a esta situación. Debes ser tu mismo, pide dirección divina, consejería pastoral o acude a algún consejero profesional. Lucha a través de la oración. Si entiendes que tu vida o la de tus seres queridos está en peligro, no dudes en pedir asilo a alguna institución diseñada con estos fines.

La persona maltratante, con sus palabras insultantes y actitudes violentas, te hace pensar que lo que estás viviendo te lo mereces, que es parte de tu vida o simplemente te acostumbras a dejar de vivir y de luchar por una mejor calidad de vida, afectando a tus hijos y demás familiares, además de a ti mismo como persona. He visto mujeres y hombres sufrir en silencio y a niños con heridas emocionales que sólo Dios podrá sanar.

No te dejes impresionar por obsequios y finos detalles, esto no lo es todo. Una relación saludable no se basa en obsequios, ni detalles hermosos, es mucho más que eso. Una relación saludable debe estar basada en la confianza y respeto mutuo, además de la comunicación efectiva. Un "Nicho de Oro" no deja de ser una jaula cerrada, bien decorada, pero sin libertad para volar, sin libertad de expresión y en la que te limitan a un área en particular en la que no logras crecer a capacidad. Nadie debería ser sometido a esto, ni vivir soportándolo. Dice la *Biblia*: *El ladrón no viene sino para hurtar y matar y destruir. Yo he venido para que tengan vida y para que la tengan en abundancia.* Juan 10:10 Además, *Y conoceréis la verdad y la verdad os hará libres.* Juan 8:32 Y nos consuela el saber que Jesús nos dijo, antes de subir al Padre: *Estas cosas os he hablado para que en mí tengáis paz. En el mundo tendréis aflicción, pero confiad, yo he vencido al mundo.* Juan 16:33

No se gana respeto, ni se obliga a otra persona a hacer o dejar de hacer lo que se espera o quiere que haga, amedrentándola con el tono de voz, actitudes incorrectas, u otro tipo de violencia. Toda pareja, toda relación social, de trabajo, o cívica, secular o de índole religiosa, debe mantener una posición abierta al diálogo, no a la discusión destructiva. Todos tenemos diferentes temperamentos o personalidades y no podemos obligar a otros a pensar, ni actuar igual que nosotros.

Mi temperamento, es una de las cosas con las que Dios ha tenido que trabajar en el torno de alfarería. Ha quebrantado la vasija que está haciendo con mi barro, en más de una ocasión y les aseguro que este quebrantamiento duele. En la actualidad, sigo en el torno del

Alfarero y se lo agradezco, porque ha habido cambios evidentes en mí. ¡Gloria a Dios!.

.

III. BUSCANDO LA VOLUNTAD DE DIOS

Y les he dado a conocer tu nombre, y lo daré a conocer aún, para que el amor con que me has amado, esté en ellos, y yo en ellos.

Juan 17: 26

Era diciembre de 1984, mes en el que celebramos la Natividad del niño Dios, en nuestra isla. Es motivo de fiesta y alborozo. Ese año el campamento anual de jóvenes, que realizaba el concilio al que yo pertenecía, había sido pospuesto. Los organizadores tuvieron a bien realizarlo la última semana de diciembre. Yo nunca había tenido la oportunidad de participar en uno de estos, por que aprovechaba los veranos para reponer o adelantar clases. Tradicionalmente, los campamentos se hacían durante el verano; de manera que los estudiantes pudieran participar sin afectar sus periodos lectivos. Allí se les ministraba y se divertían sanamente durante una semana, aprendiendo más acerca de la compañía de Dios. En esta ocasión en particular el campamento se celebró en el mes de diciembre y tuve la oportunidad de asistir con un grupo de jóvenes de la iglesia a la cual yo pertenecía.

Llegamos al campamento, deseosos de recibir bendiciones del Señor para nuestras vidas. Durante el primer día se nos informaba acerca de las actividades que se habrían de realizar durante la semana. Se reunía a los jóvenes en el área designada y cada departamento orientaba acerca de la importancia de nuestra participación en todas y cada una de las actividades diseñadas para nosotros. Una de estas áreas y la más disfrutada por la mayoría era la educación física. José, un joven muy serio, fue el ministro designado para tales fines. Recuerdo aquel día como si fuera hoy.

Estábamos reunidos en la nave principal del entonces campamento Gosén. José hablaba acerca de la importancia de que todas las jóvenes participaran de los eventos previamente organizados. Apuntó que el ejercicio físico no debería ser sólo para los varones, sino que todas las jóvenes campistas también deberían participar. Uno de los deportes que se practicaría sería el de voleibol. Tan pronto y como José indicó que las jóvenes jugaríamos voleibol, me sonreí, miré mis uñas y le comenté a mis compañeras que en ese deporte yo no participaría. En ese mismo instante, José se sonrió e indicó que las uñas no eran una excusa para no participar de este evento deportivo. Desde ese instante me sentí diferente, era cierto, mis uñas largas crecerían nuevamente. Con el pasar de los días, diferentes eventos deportivos se llevaron a cabo. Finalmente, no recuerdo si llegué a participar del voleibol, lo que sí recuerdo es que deseaba participar en el evento final, el maratón.

En aquellos días practicaba el atletismo, además de correr bicicleta, para mantenerme en forma. Y corría distancias largas, tenía buena resistencia física y decidí que participaría del maratón del campamento. Me acerqué a José, para pedir información acerca de las reglas para participar en el mismo. Como no estuve de acuerdo con él con el requisito de la vestimenta de las jóvenes, no participé, aunque fui firme en defender mi punto de vista ante él. A pesar de que él comprendió mi punto de vista, me indicó que él solo seguía las instrucciones que le habían sido dadas, así que ahí quedó todo el asunto, digo, aparentemente, porque en esa noche se celebraría un evento en particular que marcaría nuestras vidas por siempre. A este campamento asisten jóvenes de todo el concilio a nivel isla, o sea, había más de doscientos jóvenes congregados en aquel lugar. Un detalle hermoso de este campamento y que yo desconocía, es el que los jóvenes seleccionen a los reyes del campamento. Esto se hace mediante una votación democrática y secreta, el último día del campamento. Durante esos días conocimos y compartimos con varios jóvenes de otras iglesias. Un grupo de estos me nominó como candidata a reina del campamento de ese año. Yo nunca había sido nominada para un evento de esta clase, de manera que la simple nominación me hizo cambiar de actitud. Llegué al campamento con una actitud un poco rebelde. No me sentía bien con todas las cosas que me habían sucedido durante ese año. Más bien me sentía algo derrotada y no con muchos ánimos de luchar. El próximo verano me graduaría, pero no tenía idea en qué iba a trabajar, ni dónde y aunque tenía muy buenos amigos en la universidad no deseaba involucrarme sentimentalmente. Son las ironías de la vida, que no logramos entender. Lo que sucede es que no podemos ver más allá de lo que nuestra vista alcanza, pero cuando amamos a Dios, lo que no ocurre, aun cuando lo deseemos con todas las fuerzas de nuestro corazón y entendimiento, es porque no conviene y porque lo que él tiene deparado para nosotros es mucho más abundante de lo que pedimos o entendemos. *¿Qué hombre hay de vosotros, que si su hijo le pide pan, le dará una piedra? ¿O si le pide pescado le dará una serpiente? Pues si vosotros, siendo malos, sabéis dar buenas dádivas a vuestros hijos, ¿cuánto más vuestro Padre que está en los cielos dará buenas cosas a los que le pidan?* Mateo 7: 9-11 Reconociendo que: *Porque mis pensamientos no son vuestros pensamientos, ni vuestros caminos mis caminos, dijo Jehová. Como son más altos los cielos que la tierra, así son mis caminos más altos que vuestros caminos, y mis pensamientos más que vuestros pensamientos.* Isaías 55: 8-9

Ocurre que tendemos a ser presurosos para tomar decisiones, deseamos que todo suceda instantáneamente, nos hemos acostumbrado a obtener todo con facilidad. Me refiero a todos los adelantos tecnológicos que nos hacen la vida fácil y ofrecen soluciones rápidas a los problemas cotidianos, cómo por ejemplo el microondas, los restaurantes de comida rápida, mejor conocidos como "fast foods", las computadoras personales, las portátiles, el Internet, etc. Como cierre al campamento, se realizó la votación para la elección de los reyes. En la noche de clausura, se daba a conocer a los finalistas y por último a los reyes. El proceso fue agradable. Como en toda campaña eleccionaria, se involucraban todos los campistas y cada grupo le hacía propaganda y promovía a sus candidatos, otros orientaban y otros seguían a los demás, era un ambiente muy especial. Yo tuve un excelente equipo de "trabajo".

Tenía un fotógrafo personal, que ya pasó a morar con el Señor, su nombre era Moisés. Moisés anduvo conmigo, durante toda la semana. Me presentó a los jóvenes, pues esta era mi primera experiencia y él era un veterano en los campamentos de la misión. Entre mis compañeras de cuarto y él, me hicieron una excelente campaña, previa a la votación, fueron excepcionales. En fin, todos ayudaron a que en esa última noche de campamento, mi vida cambiara nuevamente.

Al culminar el servicio cúltico, de esa última noche, se procedió a anunciar a los reyes del campamento. Hasta este momento, nadie sabía quiénes eran los reyes, excepto el equipo de trabajo. Cuando anunciaron la primera finalista y la reina, quedé totalmente sorprendida al saber que los jóvenes me habían elegido como su reina. También resultó rey, un joven quien estaba dando sus pinitos en la música cristiana y ya había compuesto su primer himno, que lo daría a conocer como cantante y que lo llevaría a ser pastor. Para mí, fue una sorpresa, pues no me consideraba la más hermosa del campamento. Lo digo porque aún recuerdo voces burlonas, que no lo podían creer cuando les mostré el trofeo y las flores que me habían obsequiado. Comentarios burlones, indicando que la elección tenía que haber sido por simpatía y no por belleza.

Hay personas que evalúan la belleza de acuerdo a sus propios cánones, muchas veces mirando el exterior del ser humano y no al ser humano integral, en todas sus partes, espiritual, moral, mental y física. A esos comentarios no se debe prestar oído, aunque provengan de personas de nuestra propia familia, sino presentar a esas personas al Señor, pues es él quién escudriña y pesa los corazones. Lo importante no es este detalle, sino lo que ocurrió esa noche luego de la coronación durante la merienda.

Al terminar la actividad fuimos a tomar una merienda en la cafetería del campamento. Me encontraba hablando con otros jóvenes e intercambiando direcciones pues al otro día partiríamos a nuestros respectivos hogares. José iba de camino a su automóvil, cuando escuchó una voz que le indicaba que debía disculparse con la reina por no haberla dejado participar del maratón que se había realizado esa tarde. Inmediatamente, se dio vuelta alejándose de su auto, y hacia la cafetería para buscar a la reina y disculparse con ella, sin saber lo que les deparaba el futuro.

De repente escuché que uno de los jóvenes dijo: "Ahí viene Cheo, mejor es que nos vayamos." No sabía por qué lo decían, pero cuando vi a "Cheo", supe que se referían al ministro de educación física, José. Se me acercó con el fin, o la excusa, de pedirme disculpas por no haberme permitido participar del maratón de esa tarde. Esa noche hablamos de muchas cosas. Y él se encargó de preguntarme indirectamente si yo estaba comprometida con alguien. A lo cual le contesté que estaba muy comprometida con Jesucristo, la iglesia y mis estudios, pero que no tenía novio. Luego de conversar amenamente e intercambiar direcciones, nos despedimos con un beso en la mejilla.

Esa noche me parece que ha sido la más espectacular de mi vida, hasta ese instante de mi vida. Primero, porque fui reina del campamento y esto subió mi autoestima, después del difícil camino que hube andado y segundo, porque conocí al hombre que hoy es mi esposo y padre de mis tres hijas. Esto ocurrió después de mucha oración a Dios y confirmaciones acerca de cuál sería la voluntad de Dios perfecta y directiva, no permisiva, sobre ese joven y mi vida.

Aunque muchas veces dudé de que él fuera a ser mi esposo, porque nuestro noviazgo fue difícil, debido a la gran distancia que nos separaba (unas tres horas en auto). Además de que tuvimos muchas diferencias, porque las experiencias previas habían marcado nuestras vidas y la confianza, se gana, y el amor, hay que cultivarlo cual delicado jardín de flores exóticas. Pero, ambos continuamos orando y pidiéndole dirección a Dios. Así que al año de nuestro noviazgo, nos comprometimos y a los seis meses del compromiso, nos casamos. Pero no todo se convertiría en un lecho de rosas.

IV. EL MATRIMONIO… UN LECHO DE ROSAS

Dijo entonces Adán: Esto es ahora hueso de mis huesos y carne de mi carne; ésta será llamada Varona, porque del varón fue tomada. Por tanto, dejará el hombre a su padre y a su madre, y se unirá a su mujer, y serán una sola carne.

Génesis 2: 23-24

Los primeros años de matrimonio fueron un proceso de cambios y adaptación terrible. Lloraba más de lo que reía. Sufrí en silencio y no tenía con quien compartir mi sufrimiento, pues estaba lejos de mis padres y hermanas, lo que ahora entiendo fue lo mejor que pudo haber pasado. Los meses pasaron y la situación en nuestro hogar no mejoraba. Al casarme, me había ido a vivir a un pueblo cerca de tres horas de distancia, o sea, lejos de mi familia, mi iglesia y mis hermanos. Ahora era la esposa, no era reconocida por mí misma, o por mis méritos. Me sentía sola. Aunque hubo varios hermanos que me ofrecieron su amistad y al pasar de los años se han convertido en mis verdaderos hermanos, mucho más que amigos.

Si el primer año de matrimonio fue difícil, los que seguirían no eran exactamente un lecho de rosas. Pasé por tantas situaciones que hasta hubo ocasiones en las que pensé dejarlo todo y marcharme lejos, pero como tenía gran temor de Dios y él seguía confirmándonos que nos quería unidos, no abandoné el hogar. Dios nos hablaba, a través de la Escritura, los mensajes, en muchas predicaciones y por diferentes predicadores, que sus planes para con nosotros eran como pareja y no separados.

En una ocasión, yo me encontraba muy triste, todavía no había nacido nuestra primera hija. Era domingo en la noche y ya la predicadora estaba dando su mensaje. Mi esposo no estaba a mi lado, pues siempre tenía que estar en reuniones durante el servicio cúltico. Esa noche él se había sentado en otro banco de la iglesia para escuchar el sermón. Al finalizar el sermón, la predicadora hizo un llamado al altar. No recuerdo el motivo, pero como estaba triste y necesitaba la oración, para fortalecerme, decidí pasar al altar. Me acomodé bastante retirada de la predicadora. Recuerdo que el altar se llenó de los jóvenes y otros no tan jóvenes de cuerpo, pero sí de espíritu. Mi esposo pasó al altar y se paró frente a la predicadora. Ella comenzó a orar por él y de repente, ella miró hacia el lugar dónde yo estaba. Inmediatamente dejó de orar por él, caminó hacia mí, me tomó de la mano, me dirigió hacia él e hizo que nos diéramos un abrazo y mientras nos abrazábamos repetía un mensaje de parte de Dios: "Así los quiero, uniditos, dice le Señor, porque así es que los voy a usar". Debo aclarar que era la primera vez que yo veía y escuchaba aquella predicadora. Al día de hoy no recuerdo su nombre, pero lo que sí es cierto es que Dios, el Señor es, y usa a quién quiere, cómo quiere y cuando quiere, para lo que quiere. Él es Dios y punto.

Quedé de una sola pieza y en mi mar de lágrimas comprendí que a pesar de lo que estaba sucediendo entre nosotros, no debía abandonar a mi esposo, ni mi hogar, aun cuando no tuvieramos hijos. Nuestro matrimonio no ha sido un lecho de rosas, pero sí ha estado salvaguardado por Jehová de los Ejércitos. Ha pasado el tiempo y tenemos tres hijas. Como dije, no ha sido fácil, pero con Dios como el centro de nuestro hogar, todo es posible. Puedo decir que hoy día, nos conocemos tan bien, que en ocasiones hasta pensamos y hablamos lo mismo y a la misma vez.

Los jóvenes deberían considerar el matrimonio no como una puerta de escape o salida de los reglamentos establecidos en los hogares. El matrimonio debe ser considerado con sumo cuidado, porque es una decisión a la cual estaremos atados durante toda la vida, de una manera u otra. No debe ser una excusa para librarnos de nuestros padres, o las obligaciones y responsabilidades de nuestros hogares. El matrimonio es mucho más que eso y el que piensa en casarse debe estar muy seguro de lo que quiere, y no debe tomar decisiones a la ligera. Las decisiones a la ligera pueden provocar un caos en tu vida. Algunos de estos "caos", pueden durar toda la vida y afectar todo tu futuro, el de tu familia y el de todos los seres que amas y te aman.

Ante todo no debemos olvidar que nuestro Dios es fiel. Dice la Biblia: Joven fui, y he envejecido, y no he visto justo desamparado, ni su simiente que mendigue pan. Salmo 37:25

Sé que Dios siempre nos ha dirigido, desde el mismo momento en que mi esposo y yo nos conocimos. Todo parecía haber estado auspiciado, por el mismo Dios. Nuestro peculiar encuentro en aquel campamento de jóvenes, el difícil noviazgo de larga distancia y el accidentado camino del matrimonio. Accidentado por muchas razones, cómo las que he narrado anteriormente. Pero, para poder conservar un matrimonio estable, es importante que Dios sea el centro del mismo y que nos convirtamos en buenos mayordomos de lo que Dios ha puesto en nuestras manos, el hogar. Voy a mencionar tres aspectos que considero son la clave, si deseamos ser buenos mayordomos en el matrimonio:

Las finanzas: Las finanzas pueden ayudar a construir un matrimonio, tanto cómo ayudar a destruirlo. La falta, o el exceso de estabilidad económica, crea una falsa expectativa de lo que realmente debe ser el matrimonio. Aunque el amor no debe fundamentarse en lo económico, es muy cierto que el dinero es necesario para sostener un hogar. Cuándo en el hogar hay vaivenes en los ingresos, la estabilidad emocional de la pareja y los hijos, se puede afectar y en ocasiones, podría llegar a causar el divorcio. No podemos basar nuestro matrimonio sobre sueños y fantasías. Es una realidad. Si bien es necesario soñar y tener aspiraciones en la vida, no podemos sentarnos a soñar sin trabajar para conseguir lo que anhelamos en nuestros sueños. En 2 Tesalonicenses 3:10, el apóstol Pablo dice: Porque también cuando estábamos con vosotros, os ordenábamos esto: Si alguno no quiere trabajar, tampoco coma. Es necesario trabajar para vivir, a eso nos manda el Señor, Dios Todopoderoso. Por otro lado, Dios es Soberano, Él es Dios. Es el dueño del oro y la plata y dice la Biblia: Pedid, y se os dará; buscad, y hallaréis; llamad, y se os abrirá. Porque cualquiera que pide, recibe; y el que busca, halla; y al que llama, se le abrirá. Mateo 7:7

No es que si esperas en una promesa del Señor, simplemente te vas a sentar a esperar. Cree que él va a suplir tus necesidades, da gracias por todo y en todo y verás su Gloria, en todo lo que emprendas. Esfuérzate y manos a la obra. Dios te bendecirá.

La diferencia de caracteres: Yo soy muy dependiente y él es muy independiente. Yo muy cariñosa y él lo opuesto. Cuándo uno se casa, tiende a pensar en que todos sus sueños se han cumplido, se han realizado, pero la realidad va más allá de esa creencia. Es en este momento, en el que comenzamos otra etapa de nuestra vida, creo que la más difícil de todas y la que dará paso a las demás. Eso creí yo: "Ya estoy casada, ya estoy realizada y todo lo demás vendrá por añadidura", pero no fue así. Tuvimos que pasar por el proceso de acoplarnos el uno al otro, tenernos paciencia, conocernos. En fin, darnos a la tarea de comprender y aceptar el hecho de que debíamos agradar a Dios con nuestro matrimonio, aunque se nos hiciera difícil sobrellevarnos. Soportándonos, los unos a los otros, por amor. Cómo nos dice el apóstol Pablo en 1ra de Corintios 13: 4-8, El amor es sufrido, es benigno; el amor no tiene envidia, el amor no es jactancioso, no se envanece; no hace nada indebido, no busca lo suyo, no se irrita, no guarda rencor; no se goza de la injusticia, mas se goza de la verdad. Todo lo sufre, todo lo cree, todo lo espera, todo lo soporta. El amor nunca deja de ser...

La codependencia con los padres/madres: Esto fue aún más difícil. Dejar de depender de nuestros padres. Aunque mis padres vivían lejos de donde nos habíamos mudado, emocionalmente continuaba dependiendo de la seguridad que el estar con ellos me proporcionaba. En las noches, me la pasaba llorando y gimiendo por estar con ellos. Tal vez, si todas las cosas hubiesen marchado bien, yo no habría necesitado del apoyo físico de mis padres y hermanas, y de los hermanos de la iglesia a la cual yo asistía antes de casarme. Pero, al ser lo contrario, mi corazón no dejaba de llorar. Para mí, los primeros años de matrimonio, fueron muy difíciles, debido a la lejanía de mi familia y amigos. Cuando los podía ir a visitar, lo menos que yo les quería decir era lo que me estaba pasando, para que no sufrieran como yo. No es que mi esposo fuera un ogro, ni nada por el estilo, sino que, no actuaba como yo esperaba o imaginaba, que un recién casado lo haría. Tenía tantos compromisos con la iglesia y sus amigos, que apenas tenía tiempo para estar conmigo. Yo le reprochaba el hecho de que apenas pasábamos tiempo juntos, a solas, pero él no podía comprender lo que yo le estaba pidiendo. Por su parte, él tampoco se adaptaba al matrimonio y a tener que dar explicaciones cada vez que salía o entraba, si iba o venía. Él vivía cerca de sus padres y los visitaba casi a diario. Todavía dependía, en gran manera de ellos. Perseverábamos en la iglesia que le vio crecer, estaba rodeado de sus amigos y la única persona extraña a su núcleo familiar era yo, y le estaba resultando gravosa, al menos eso era que yo me sentía y pensaba, acerca de nuestra relación. A sólo cinco minutos de sus padres, no tenía que esperar mucho para verles y hablar con ellos, por lo tanto, no parecía entender mi deseo de ver y comunicarme con los míos. Esto me era posible, solo a través de tres horas de viaje para ir y tres horas de viaje para regresar, ya que en aquella época no tenía manera de comunicarme con mis padres, por que no tenían teléfono, ni ningún otro medio de comunicación accesible. No fue fácil para mi esposo comprender mis sentimientos porque nunca se había separado de sus padres. No es fácil identificarse con las situaciones de otros o ser empáticos cuando carecemos de experiencias profundas. Debemos estar conscientes de las necesidades de nuestra pareja, para ayudarles a suplir las mismas. Si bien "un clavo no saca a otro clavo", como dicta un refrán en mi tierra, el amor verdadero e incondicional, busca sosegar las penas del alma de aquél a quién ama. ¡Qué falta tan inmensa, me hicieron mis padres en aquellos días!

Recuerdo una ocasión, en la que tuve una experiencia increíble. En aquellos días vivíamos en un pequeño apartamento al cual llamábamos "microondas", por lo caluroso que resultaba ser. En aquél lugar sólo había un cuarto, un baño y una cocina. No había facilidades para lavar ropa, así que dependíamos de las máquinas lavadoras de otras personas (familiares y amigos), para llevar a lavar nuestra ropa sucia. De tanto invadir la privacidad de otros hogares, para suplir nuestra necesidad, llegó el punto en que sentía que molestaba, además de que le causaba un gasto adicional, a los que, con buena fe, nos ofrecían esa ayuda. Esto me angustiaba sobremanera, así que comencé a dejar acumular la ropa sucia en los canastos, para así evitar incomodar a alguien más. Lamentablemente, en aquellos años, no había servicio de lavandería disponible, así que al pasar dos o tres semanas, ya la ropa no cabía en los canastos. Pero, yo no le dije nada a nadie y esperaba volver a la casa de mis padres, el próximo fin de semana, para llevar la ropa a lavar. Allí era dónde más tranquila me sentía, eran mis padres. Pero Dios tenía algo preparado para nosotros, es decir, para mí.

Era el día de Acción de Gracias, después del culto, me reuní con la hermana Cuchi. Cuchi, es su sobrenombre, pero es como todos la conocen. Cuando le indiqué que necesitaba hablar con ella, ella se sorprendió, creo que se asustó. Pero al finalizar el servicio de Acción de Gracias, ella se me acercó. Le pedí que fuera mi asistente en la escuela bíblica y ella aún más sorprendida, me dijo que no. Pero no sólo eso, sino que añadió, lo siguiente: "El Señor, me mostró un canasto de ropa sucia en tu casa. Me mostró que la ropa se salía del canasto. Y me dice el Señor, que esa ropa sucia, yo te la debo lavar." Ahora, la sorprendida era yo. Fui a preguntarle una cosa y ella me salió con otra. Sólo Dios conocía nuestra necesidad. Nadie más sabía del canasto de ropa sucia. Pero, Dios, siempre llega a tiempo. Y hasta en las cosas que creemos sin importancia para Él, Él se glorifica. Comencé a llorar, todavía no me atrevía a tanto. Le indiqué que yo muy bien la lavaría en la casa de mis padres ese fin de semana, pero ella rezongó y me dijo, con mucha autoridad, "Tú no me vas a robar mi bendición, yo te voy a lavar esa ropa. Y de ahora en adelante, hasta que consigas la lavadora que necesitas, te voy a lavar toda tu ropa". Me quedé en una sola pieza. Dios hace cosas que yo no entiendo. Da mucho más abundantemente de lo que pedimos o entendemos. Así fue, le conté a mi esposo y él quedó tan maravillado, agradecido y sorprendido como yo. Nuestra amada hermana nos estuvo lavando ropa, sin facturarnos ni un centavo, y sin pedir nada a cambio, por varios meses, hasta que nos mudamos a nuestra primera casa y compramos una lavadora. No sólo eso, sino que cuando iba de compras, cargaba con antojitos para nosotros.

Esta hermana marcó nuestras vidas por siempre. ¡Qué Dios la bendiga, siempre!

He escuchado comentarios acerca del matrimonio, por personas que lo ven como una caja de Pandora, que cuando la abres te llevas una sorpresa, porque no sabes lo que vas a encontrar. Pero no debe ser así. No debe ser una sorpresa, ni una caja de Pandora. Debe haber amor entre la pareja, ser de mutuo acuerdo y contar con la aprobación de Dios y nuestros padres. De lo contrario el fracaso será inminente. El matrimonio fue creado por Dios. Es la consumación del noviazgo y principio de una de las más importantes instituciones de la sociedad. Aunque el matrimonio pueda parecer a las quinceañeras como un lecho de rosas, deseo recordarles que las rosas tienen tres características dominantes, a mi mejor entender. Número uno, son hermosas en todos los colores. La segunda es que su aroma es sumamente agradable. La tercera característica es que aún cuando las rosas son tan bellas y fragantes, su tallo está lleno de punzantes espinas y si no sabes dónde cortarla, el obtenerla podría ser muy doloroso. Por esto, es que hay que esperar a que el hortelano la corte y te la ofrezca. Él sabe dónde y cómo cortarla, para que puedas disfrutar de su aroma, pétalos y bello color.

V. ¿QUIÉN PUEDE AUMENTAR SU ESTATURA?

Porque estrecha es la puerta y angosto el camino que lleva a la vida, y pocos son
los que la hallan.

Mateo 7:14

Tenemos tres niñas, bellas y preciosas. Son parte de nuestro gran tesoro, nuestra bendición. Nuestras hijas han sido una bendición para nuestras vidas. Cuando digo bendición me refiero a eso mismo, bendición. La mayor nació después que varios médicos me diagnosticaron que no podría tener bebés si no me sometía a una serie de tratamientos. No me sometí a tratamiento alguno. Le creí a Dios cuando me dijo que me daría un hijo.

Fui a un viaje misionero y después que llegamos quedé embarazada de Cindy Michelle. Este viaje fue a la República Dominicana en el 1988. En el 1990 fuimos a Venezuela, y dos meses más tarde quedé embarazada de Taisha Liz. Y en el 1992 fuimos a Guatemala, al año siguiente nació Leslie Ann. Ya ven que fueron de bendición para nosotros. Ya no tenemos más hijos pero sí hemos realizado otros viajes misioneros.

Vivíamos afanados. En aquella época yo trabajaba, estudiaba, atendía la casa iba a la iglesia y algunos fines de semanas trabajaba como payasa. Tenía todo planificado. Debía terminar mis estudios para obtener la permanencia con el patrono para el cual trabajaba. Esa era mi meta a corto plazo. Me había propuesto que al terminar el año escolar, soy maestra, celebraría el haber completado mis requisitos para obtener la permanencia y disfrutaría del muy bien merecido verano.

El verano anterior estuve de cama. Se me realizó una histerectomía. Luego, se me formó un hematoma en el abdomen secundario a la operación. El dolor era muy agudo, apenas me podía erguir, o caminar sin lastimarme. Esta fue una situación muy desesperante, pensé que me iba a morir, pero eso no fue nada, sino la preparación de lo que me acontecería más adelante.

Desarrollé miedo a la oscuridad. No dormía. Al caer la noche, mi corazón se angustiaba pensando que me quedaría sin oxígeno. Me acostaba, dormía profundamente y de repente, despertaba dando un salto en la cama y sin oxigeno. La noche me causaba una sensación de incapacidad, terror y temor a la muerte. Fueron varias las veces que esto sucedió. Pero una noche me quedé dormida y tuve una pesadilla con mis hijas, tan terrible que me levanté reprendiendo a todo poder de las tinieblas en el nombre de Jesucristo con toda la autoridad que nos es dada por el Rey de Reyes en el cielo, la tierra y debajo de la tierra.

Reprendí, até y arrojé a las profundidades de la mar, según fui enseñada en la iglesia. No recuerdo cuantas horas estuve despierta, pero ungí toda la casa y a todos en la casa, mientras ellos dormían.

Reprendí y oré hasta quedar profundamente dormida. Luego de esto, ese pensamiento ha querido atemorizarme pero lo reprendo en el nombre de Nuestro Señor y Salvador Jesucristo y nuevamente mi corazón y mi mente se llenan de paz.

Hay pensamientos y situaciones en nuestra vida que nos atormentan, pero nosotros debemos tomar autoridad sobre ellas y reprenderlas en el nombre de Jesús. Con todo el poder y la unción del Espíritu Santo, evitando dejarnos dominar por ellas y llevando todo pensamiento cautivo ante la presencia y la palabra de Dios. Y estas señales seguirán a los que creen. En mi nombre echarán fuera demonios; hablarán nuevas lenguas; tomarán en las manos serpientes y si bebieren cosa mortífera, no les hará daño; sobre los enfermos pondrán sus manos y sanarán. Marcos 16:17

Toda la autoridad que nos es dada para reprender, atar y arrojar, a las profundidades de la mar, en el Nombre que es sobre todo Nombre, el Nombre de Nuestro Señor Jesucristo, el Hijo de Dios. Amén.

He comprobado en más de una ocasión que si un pensamiento perturba mi mente, oro a Dios y le pido que cautive mis pensamientos, como dice en 2Corintios 10: 3-5, Pues aunque andamos en la carne, no militamos según la carne; porque las armas de nuestra milicia no son carnales, sino poderosas en Dios para la destrucción de fortalezas, derribando argumentos y toda altivez que se levanta contra el conocimiento de Dios, y llevando cautivo todo pensamiento a la obediencia a Cristo.

Y sin darme cuenta, he dejado de pensar en aquello que me compungía y angustiaba, o aquello que alteraba mi sistema nervioso. Sé que cuando hablo con Dios, él atiende mi oración.

Todo esto ocurrió un año antes de que el doctor me diagnosticara un quiste en el ovario izquierdo. Medía 8 centímetros de diámetro y debía ser extirpado junto al ovario. Recuerdo que las últimas dos semanas de trabajo de ese año escolar, tuve unos dolores muy fuertes en el lado izquierdo de la pelvis. Aun así, culminé con mis responsabilidades laborales, antes de atender mi condición de salud. Esto no debía haber sucedido en ese orden. Nuestro cuerpo es templo del Espíritu Santo y nuestra salud física, emocional y espiritual debe ser lo primero que atendamos, en lugar de darle el primado a otras tareas, que aunque son necesarias para nuestras vidas, sin una buena salud, no las podemos atender. Y de seguro siempre habrá un remplazo disponible para sustituirnos.

Ya había planificado mis vacaciones para este verano. Pensé que podría disfrutar de esas vacaciones, porque en las anteriores estuve de cama por el doloroso hematoma abdominal, durante casi dos meses. Así que contra viento y marea, pensaba irme de viaje con mi familia. Pero algo más pasaría que yo no había planificado.

El día 26 de junio de 2000, me extirparon el quiste o grupo de quistes y los dos ovarios. Luego tuve fiebre de 38 grados. Aún así me dieron de alta al tercer día. El médico le indicó a mi esposo que comprara un termómetro para monitorearme la fiebre. Dos días más tarde seguí sangrando y regresé al ginecólogo que me había operado. Para mi sorpresa, me informó que me había perforado el intestino y fui hospitalizada nuevamente.

Mi esposo y mi madre esperaron todo el día y la noche por un diagnóstico final. Pero, no fue como hasta cerca de las 9:00 o 10:00 PM que el médico llegó a mi habitación y me confirmó que tenía una perforación en el intestino, que se había formado una masa de aproximadamente 10 centímetros, en el área en que estuvo el ovario izquierdo y que tenía que volver al quirófano por segunda vez en cinco días.

Llamé a mi esposo y le indiqué lo que el doctor me había dicho. El enmudeció y lloró en silencio, pues temía que yo fuese a morir dado lo delicado de este asunto. Le pedí que le explicara a mi madre con mucho cuidado considerando que ella padece de alta presión arterial. Luego tendría que comunicarse con mis hermanas y mi padre, que vivía a 3 horas de distancia de nuestro hogar. Fue un trago muy amargo para todos nosotros. Es fácil dar buenas noticias, pero las malas es muy difícil darlas.

Esa noche hablé con Dios, una vez más. En ocasiones anteriores yo le había pedido al Señor, que si en algún momento yo habría de apartarme de Su Camino, que por favor no lo permitiera y mejor me llevara a morar con Él. Ahora sólo me quedaba expresarle cómo me sentía, lo asustada que estaba y sabía que de un momento a otro podía morir y no quise, no estaba preparada para la muerte, ¿quién lo está?

Pensé en mis tres niñitas, Cindy Michelle, de 11 años, Taisha Liz, de 9 años y Leslie Ann, de 7 años. No deseaba este sufrimiento para ellas, mis padres, mi amado esposo, mis hermanas, para nadie en mi familia.

Hablé con Él y le dije algo así: "Señor, sé que estoy grave y sé que de un momento a otro puedo morir. Ahora te ruego, por favor, me des salud para poder cuidar mis hijas. Ellas todavía me necesitan. No sé cuanto tiempo he de estar aquí, pero te prometo que esperaré tiempo que sea necesario pero, por favor, sáname. En el nombre de Jesús, te lo pido, Amén". Luego seguí orando, pensando y llorando hasta que quedé dormida. Ahora comprendo que ese momento de soledad e impotencia me llevó a reflexionar sobre mi vida y a su vez, me allegó a Dios de manera especial. Fue un momento crucial en mi relación con Dios. La prueba de nuestra fe produce paciencia.

Nuestra familia es muy unida. Mis padres y hermanas siempre están con nosotros cuando los necesitamos y viceversa, en caso contrario. Así que esta era una situación muy difícil de vivir y necesitábamos todo el apoyo posible. Nuestra fe estaba siendo probada. Temprano, la mañana del día siguiente, mi esposo llegó a mi lado. Su semblante estaba lloroso. Allí nos abrazamos y lloramos juntos porque desconocíamos lo que el futuro nos deparaba como familia y como matrimonio. Dos días más tarde cumpliríamos 14 años de casados, pero no estaba segura de que realmente llegaríamos al aniversario número catorce.

Luego de abrazarnos y llorar juntos, mi esposo procedió a firmar los permisos de operación y todo el protocolo. Entonces me llevaron, nuevamente, a sala de operaciones. Allí me practicaron una corpotomía (este es un proceso en el cual se introduce un catéter para drenar los líquidos acumulados), en mi caso sangre y excreta. Me batallaba entre la vida y la muerte.

Nuestras vidas penden de un hilo. ¿Lo sabías? ¿Te has puesto a analizarlo? Me di absoluta cuenta de esto, no cuando pasé por las crisis de mis hijas, sino cuando me tocó vivirlo en mi propia carne. Sientes que tu mundo se detiene, se tambalea, pierdes el control. Todo lo que has anhelado, por lo que has luchado toda tu vida, pierde sentido, pierde importancia. Te das cuenta, que tal vez lo que más importancia tiene para ti no es necesariamente a lo que le has dedicado más tiempo.

Así siguieron los procedimientos médicos, diariamente, estudio tras estudio, análisis tras análisis. Cada procedimiento que se me realizaba me causaba otra condición, otra reacción peor que la anterior. El catéter de la corpotomía se salió del lugar en que lo habían colocado y se introdujo, a través de la perforación que había en el intestino grueso o colon. Me hicieron una colonoscopía sin sedarme, debido a todas las anestesias que ya había recibido. En ese mismo procedimiento retiraron el catéter. Tuve espasmos severos, reaccioné negativamente a los medicamentos, celulitis en el brazo izquierdo, edema en la base de los pulmones, fiebre constante, una fístula (purulenta) que llegó a medir más de 10 centímetros, y anemia, entre otros.

Pasaron los días y mi familia estaba perdiendo la esperanza de que saliera con vida de esta situación. Fueron muchas personas a visitarme. Algunas fueron a orar, otras a verme por "última vez" y otras sólo por amor estaban siempre allí. Habían pasado ya catorce días desde que reingresé al hospital, cuando el médico nos indicó que a causa de mi gravedad y puesto que ningún medicamento lograba aliviar mi condición, me tendrían que volver a llevara a cirugía para realizar una operación exploratoria, y hacerme una colostomía temporera. Esa noche fue la peor noche de mi estadía en el hospital. Las enfermeras y los médicos estuvieron haciéndome estudios durante toda la noche y no exagero. Ya no me quedaba sangre, ni fuerzas para soportar más procedimientos. Mi esposo se había ido para la casa y mi madre se había quedado esa noche en particular y les aseguro que ella sufrió tanto o más que yo. Cada vez las enfermeras la tenían que sacar, para que no viera los procedimientos. Sé que debe haber llorado a solas, como papi, mi esposo, mis hijas, mis hermanas, mi abuela, mi familia.

A eso de la medianoche, el médico me indicó que ya no me operarían porque la perforación del intestino había sellado, de acuerdo al CT Scan de esa noche. An cuando la fiebre no cedía, yo me sentía un poco más animada. Esa mañana, mi padre apareció tempranito en mi habitación. Estaba preocupado, muy preocupado. Me llevó a caminar, pero ya no podía ni enderezarme del dolor tan intenso que sentía. No tenía fuerzas para hablar, ni para respirar, así que regresamos a la habitación. Mi esposo no había llegado al hospital, pues era temprano en la mañana. El dolor era tan intenso que por primera vez le pedí a la enfermera algún medicamento que calmara mi dolor. Ese día estaban laborando dos enfermeras, de las que se gozan con hacer el mal. Aunque les pedí varias veces el medicamento, nunca llegaron. Mi padre al ver mi insistencia, me preguntó si realmente me dolía mucho. Yo le indiqué que no había palabras que pudieran describir aquel dolor, pero si tuviera fuerzas saldría corriendo de la habitación por los pasillos, gritando del desespero que tenía. Me preguntó si podía orar por mí, a lo cual le indiqué que sí por favor, pero que no me tocara, porque el dolor que sentía era tan intenso que hasta la piel me dolía. Mi padre puso su mano, suavemente, sobre mi frente y oró. Solo le pidió a Dios que sanara a su hija en aquel momento. Cuando dijo amén, sentí un fuerte deseo de ir al baño, así que les pedí que me levantaran de la cama, con mucho cuidado y me llevaran. Así lo hicieron. En ese instante el Señor me sanó. Toda la infección que tenía dentro de mi cuerpo salió vaginalmente sin tocar ni un solo tejido dentro del cuerpo, y la fiebre desapareció. Mis padres emocionados y satisfechos de ver la mano del Creador obrar en mi cuerpo, salieron a almorzar a la cafetería del hospital en el que me encontraba. Papi le dijo a mami: "Ahora sí que podemos ir a almorzar, ya Belucha (refiriéndose a mi persona), está sana". No entendía las palabras en aquel momento porque había muchas cosas sucediendo a la vez. Además todo el mundo almuerza es algo natural, no tendría porqué recordarlas. Pero el hecho de que papi las hubiera dicho tenía un significado especial. Entre tantas situaciones vividas, las había olvidado hasta que recientemente le comenté a Papi que ya estaba terminando de escribir mi libro y trajo a mi memoria aquella expresión del alma. Le cuestioné el significado de éstas y respondió que desde que yo había enfermado de muerte, él apenas podía probar bocado de alimento, o sea, que no podía alimentarse sabiendo que a mí no se me permitía tomar siquiera un poco de agua. También me recordó que cuando fueron a la cafetería, varios doctores se sentaron a almorzar en una mesa contigua a la de ellos. Allí estaba el infectólogo, que me atendía. Mi padre recuerda que le dijo a mi madre, "mira ese es el médico de Belucha y están hablando de ella, la sorpresa que se va a llevar cuando vea que Dios la sanó".

Mis padres sobre escucharon que en la conversación el infectólogo indicaba que tenía una paciente muy grave, que llevaba muchos días hospitalizada, que le habían dado todos los antibióticos y tratamientos pertinentes, pero no respondía al tratamiento y la fiebre no cedía, a lo que los demás médicos sugirieron una cirugía exploratoria, para buscar un posible cáncer oculto. Terminada la conversación, los médicos se despidieron y mis padres se fueron para mi habitación.

Ya en mi habitación mis padres coincidieron con el infectólogo varios minutos más tarde. De más está decir que ni él, ni ninguno de los médicos me creyeron y siguieron haciendo exámenes, pero todos daban resultados negativos. Las enfermeras comenzaron a darme testimonio de mi propia sanidad. Ellas estaban impactadas, a excepción de algunas otras, que se gozan con hacer el mal a los pacientes, porque esa es su labor dentro del mundo espiritual, y a lo que el padre del mundo espiritual las ha llamado. Vosotros sois de vuestro padre el diablo, y los deseos de vuestro padre queréis hacer. Juan 8: 44 El Ladrón no viene sino para hurtar y matar y destruir; Yo he venido para que tengan vida, y para que la tengan en abundancia. Juan 10:10.

Uno de los testimonios que más me impactó fue el escuchar de labios de una enfermera, lo que ella observaba cuando había visitas en mi habitación. Ella entraba a la habitación y veía a la visita, todos tristes y llorosos y dice que cuando miraba mi rostro me veía sonriente y veía paz. Y es que la oración que le hice a Dios cuando entré al hospital, me fortaleció. No es que no haya sufrido, sino que en medio de aquel dolor físico y emocional (por estar lejos de mis niñas), Dios me dio paz. Por nada estéis afanosos, sino sean conocidas todas vuestras peticiones delante de Dios en toda oración y ruego, con acción de gracias. Y la paz de Dios, que sobrepasa todo entendimiento, guardará vuestros corazones y vuestros pensamientos en Cristo Jesús. Filipenses 4:6-7.

Y ciertamente, tuve que dar fortaleza a algunos de los que venían a orar por mí, ¿por qué? No lo sé, sólo Dios sabe lo que hace. Estuve veintiún días hospitalizada, por segunda vez, a partir de la laparoscopia, pero Dios hizo que, en todos y cada uno de los días en que estuve allí, su gloria y su voluntad fueran hechas. Sin embargo, debo añadir que, siendo mis hijas tan pequeñitas, sufrieron porque yo no estaba en la casa con ellas y por la incertidumbre de, ¿en qué lugar pasarían el día?. Mas Dios nunca les faltó y recibieron cariño de más.

VI. EL TÚNEL DE LA MUERTE

Goza de la vida con la mujer que amas, todos los días de la vida de tu
vanidad que te son dados debajo del sol, todos los días de tu vanidad; porque esta
es tu parte en la vida y en tu trabajo con que te afanas debajo del sol. Eclesiastés
9: 9

Luego de haber atravesado por aquellos valles de sombra y de muerte, para el año 2004, mi esposo comenzó a quejarse de dolor en la parte inferior izquierda de su abdomen. Visitamos varios doctores en medicina, buscando un diagnóstico certero. En un momento dado, la prognosis para Cheo, cómo cariñosamente le decimos a mi esposo José, indicaba que había algún tipo de obstrucción intestinal, lo que nos consternó al punto de temer que fuera algo mortal. Oramos, lloramos y oramos. Fueron semanas de angustia, haciéndose estudios y esperando los resultados de los mismos. Visitando consultorios y escuchando experiencias ajenas, lo que nos creaba más tensión ante la incertidumbre. Hicimos lo que de costumbre, clamamos al Dios del Cielo. Ante las adversidades vividas, hemos descubierto que: Mi socorro viene de Jehová, que hizo los cielos y la tierra. Salmo 121:2 Luego, visitamos varios médicos, hasta que uno de ellos acertó el pronóstico. Era una simple hernia inguinal.

Para reparar la hernia y evitar una cirugía de emergencia, mi esposo tuvo que someterse a una cirugía electiva. En esta, se repararía la hernia, colocando una maya en el área de la hernia, para evitar el prolapso del intestino a través de ella. Todo aparentaba ser sencillo y la palabra ambulatoria, nos decía que estaría en casa, el mismo día de la cirugía. Este detalle nos dio la fortaleza que necesitábamos luego de tantas experiencias traumáticas.

El día de la cirugía nos dirigimos al hospital, mi esposo, mi padre y yo. Mi madre, se quedó con mis niñas en nuestro hogar. Todo aparentaba ir bien. A eso de las diez de la mañana, la enfermera solicitó que vistiera a mi esposo, para llevarlo a la casa. Él le indicó a la enfermera que tenía mareos y que no podía levantarse. Ella insistió y lo levantamos. Lo vestí y nos dirigieron hacia una ante sala, dentro de la sala de recuperación, en la que están los operados que van a dar de alta. Le ofrecieron un sillón reclinable y nos indicaron que debíamos esperar a que el cirujano lo re-evaluara para darlo de alta ese mismo día.

Aunque todo aparentaba estar bien, Cheo seguía quejándose de mareos, pero las enfermeras no prestaron mayor atención, indicando que era normal sentir mareos después de una cirugía. Cada vez que podía entraba a la sala en donde él se encontraba para ver por mí misma, cómo seguía y si el médico ya lo había re-examinado. Pero, él seguía igual, se quejaba y nadie le prestaba atención, aludiendo a que eran "changuerías" (actitudes infantiles) de Cheo. Cuando las enfermeras se daban cuenta de que ya llevaba más de cinco minutos en el área, me indicaban que saliera de esa sala y que esperara a que el médico lo re-examinara y lo diera de alta, para llevarlo a nuestro hogar. No pudo probar los alimentos que le ofrecieron en el área de espera. Regresé en varias ocasiones, para ver cómo seguía mi esposo. Hasta que, a insistencias mías, una enfermera le llevó en su silla reclinable, hasta el área de recuperación. Allí le pusieron los monitores nuevamente, dado que él no dejaba de quejarse de mareos. Me volvieron a indicar que me retirara al área de espera de los familiares. Pasado varios minutos más intenté entrar a la sala de recuperación, donde le habían puesto nuevamente, pero habían cerrado la puerta con llave para que nadie tuviera acceso al interior de aquel lugar. Así que no me quedó más remedio que esperar a que el cirujano le evaluara y le diera de alta para regresar a nuestro hogar dónde estaban nuestras hijas esperándonos.

Esta situación me hizo recordar que en aquellos días habíamos separado una casa nueva, porque la que teníamos ya nos estaba quedando pequeña, pues las niñas habían crecido; Cindy Michelle, tenía quince años, Taisha Liz, trece y Leslie Ann, once. En varias ocasiones Dios nos había dicho a través de diferentes personas que tenía una casa grande para nosotros y ¿saben qué? , le creímos. Le creímos, porque Dios no se equivoca. No era posible que en diferentes ocasiones, en distintos lugares y por diferentes personas, escucháramos el mismo mensaje y el mismo no fuera cierto. Y cómo creímos nos fue hecho. Separamos una casa, que se ajustaba a nuestras necesidades y dentro de varios meses nos harían entrega de nuestra nueva vivienda. Estaba pensando en esto mientras pasaban las horas y no sabía nada de mi esposo. Comencé a preocuparme.

Sentía que algo le pasaba a mi esposo y me lo estaban ocultando. Llamé varias veces a la puerta y siempre me indicaban que Cheo estaba bien y que el cirujano no lo había re-evaluado, porque estaba operando a otros pacientes. Me parecía que en ese día operaba a más de quince pacientes; la evidencia debe estar en los registros de cirugías del hospital. En mi preocupación, comencé a repasar las bendiciones que Dios nos había dado. También recordé las promesas que nos había hecho. En un retiro de diáconos, Dios le dijo a Cheo, que a partir de septiembre de 2004, iba a haber un cambio grande en el hogar. Además, le indicó que así como cuando se abre la ducha y el agua cae sobre la cabeza y baña el cuerpo, serían las bendiciones que iba a recibir. Todo esto pasaba por mi mente, mientras esperaba ver a mi esposo nuevamente. Para aquella época, él trabajaba como maestro de Educación Física, además corría durante una hora, cuatro días a la semana. Su condición física era excelente.

A todo esto, seguí pensando y repasando las promesas de Dios para nuestras vidas. Ya a mediodía, mi espíritu discernía que Cheo estaba en peligro de muerte. Comencé a reclamar las promesas de Dios, ya no en mi mente, sino audiblemente. Realmente, no me amedrentaba el hecho de que alguien me escuchara. No temía al hombre, al contrario, deseaba que entendieran que Dios es fiel a sus promesas y si él promete, cumple. Porque, Dios no es hombre, para que mienta, ni hijo de hombre para que se arrepienta. Él dijo, ¿y no hará? Habló, ¿y no lo ejecutará? Números 23:19. Aunque nadie parecía entender mi preocupación, seguí clamando, porque Dios conoce nuestros corazones: Pues aún no está la palabra en mi lengua, y he aquí, oh Jehová, tú la sabes toda. Salmo 139: 4

Caminé y oré. Ya a eso de las dos o tres de la tarde toqué la puerta nuevamente y la abrieron. Cheo estaba acostado en una camilla con la cabeza inclinada y los pies levantados de forma diagonal. Nunca había visto algo así. Le solicité a la enfermera de la estación que le indicara al cirujano que yo deseaba verlo, para que me explicara la razón por la cual mi esposo estaba en aquella condición. Quince minutos más tarde apareció el susodicho galeno. Ante mi inquisición me indicó que mi esposo estaba bien y que él entendía que no era necesario volver a operar. Le realizaron nuevos análisis y su hemoglobina de dieciséis gramos que tenía al entrar a sala de operaciones había bajado a diez gramos. Así que después de las cuatro de la tarde lo llevaron de emergencia a cirugía y a eso de las diez de la noche volví a ver a mi esposo con vida.

El cuadro era terrible, le habían transfundido una pinta de sangre y le estaban transfundiendo otra, tenía tubo nasogástrico, catéter colector de orina, suero, sub-clavia, drenaje injertado en el abdomen (Jackson), oxígeno y estaba totalmente desfigurado. Todavía me restaba decir a mis niñas, que papá no regresaría a la casa esa noche.

Este proceso no fue fácil, porque durante los cinco días que vivimos en aquel hospital, sufrimos a causa de la burocracia, la falta de amor al paciente, la falta de limpieza del lugar y carecimos de la visita del cirujano que por poco mata mi esposo al perforarle una arteria y cerrar la cirugía sin corregir la perforación. Para ellos, errores de rutina; para mi familia y para mí, el valle de sombra y de muerte.

Si bien es cierto que atravesamos por ese valle de muerte, lo que más me impactó fue lo que me relató mi esposo que le sucedió aquel día en el cuarto de recuperación. Ahora entiendo la razón por la cual las puertas del cuarto de recuperación se mantuvieron selladas durante tantas horas. Para mi horror y sorpresa, mi esposo me contó, varios días más tarde, que mientras estaba en la silla reclinable con mareos, le solicitó a la enfermera de turno que le ayudara a acostarse en una camilla porque no resistía los mareos. La enfermera, no lo quiso ayudar y le indicó que se parara solo y se acostara por sí mismo en la camilla. Él le volvió a indicar que sus mareos eran demasiados y que no podría lograrlo por sí mismo. Ella le refutó que si quería acostarse, se levantara y se acostara por sus propias fuerzas. El desespero de mi esposo por acostarse era tal que intentó ponerse sobre sus pies. Lo último que recuerda fue escuchar a otra enfermera gritarle a la que lo obligó a levantarse solo, "Te lo dije".

Lo próximo que recuerda fue que estaba todo oscuro. Se encontró subiendo por un túnel muy oscuro y no recordaba nada de lo antes vivido ni recordaba su pasado. Su mente estaba en blanco. Además, me indicó que no podía distinguir nada dentro de ese túnel, pero que sentía una paz inefable. Al fondo del túnel, veía una luz brillante. Él indica que nunca había visto tal brillantez. Cuando salió, del túnel vio una luz resplandeciente. Tan grande era su resplandor que tuvo que taparse el rostro con sus manos.

Luego de un rato, llegó a un lugar en el que todo era blanco, blanco, blanco, como jamás imaginó que pudiera existir. Allí sintió que le golpeaban el rostro y voces que le llamaban por su nombre, diciendo: "José, José, baja que aquí te queremos". Al abrir sus ojos se encontró acostado en una camilla, con dos doctores a su lado. Uno de ellos le golpeaba el rostro y el otro le auscultaba el abdomen, y un grupo de enfermeras, le realizaba diferentes procedimientos simultáneamente.

De más está decir que esta parte del relato, en la que mi esposo cae, se pone rígido y se activa la clave, no me fue informada por ninguno de los profesionales de la salud, del hospital, ni durante, ni después, del incidente. Pero, como no hay nada oculto que no haya de ser revelado, al solicitar el expediente clínico de mi esposo, comprobamos que las anotaciones médicas coincidían con la experiencia narrada por él. El expediente dice claramente que, el paciente se puso rígido y se activó la clave. Realmente, sé que mi esposo murió... o estuvo en trance de muerte y antes de que esa cadena o hilo de plata, se rompiese, Dios envió a mi esposo, de nuevo a la tierra. Como dice en la Biblia: Antes que la cadena de plata se quiebre, y se rompa el cuenco de oro, y el cántaro se quiebre junto al pozo; y el polvo vuelva a la tierra, como era, y el espíritu vuelva a Dios que lo dio. Eclesiastés 12:6-7

Estuve orando y caminando por la sala de espera. Le recordé a Dios, sus promesas. Reclamé y tomé, lo que el enemigo me quería quitar. Tomé posesión de la tierra prometida. No dudé de Quién me había hablado, ni de en Quién había creído, durante todas las pruebas vividas. Le creí a Aquel que me había dado la victoria antes cuando los médicos no podían asegurar mi vida, ni la de mi hija. Durante todo el período de tiempo en que me privaron de estar junto a mi esposo, sintiendo en mi espíritu que algo andaba mal, oré y oré. Es curioso, llamé a familiares y amigos, para contarles lo que le pasaba a mi esposo y todos pensaron que yo estaba exagerando y que todo era reacción de la anestesia. Nada más lejos de la verdad. Mi esposo estaba muriendo y solo Dios y mi espíritu lo sabían. Cuando uno se casa, realmente se convierte en una sola carne con su compañero/a. Uno se identifica a tal grado, que en ocasiones las palabras sobran. Así es Dios. Me parece que por esto es que el libro Cantar de los Cantares compara el amor de Dios por la iglesia, con el amor del esposo, por su esposa y viceversa.

Mi confianza estaba puesta en el dador de la vida, y le creí a Dios, cuando dijo que nos bendeciría. Su bendición era para toda la familia, no para parte de esta. Hay que creerle a Dios, aunque las circunstancias nos indiquen que lo que estamos esperando es imposible. Lo imposible para Dios: NO EXISTE. Nuestro Dios llama a lo imposible posible, no tiene límites, ni fronteras. Él es el Todopoderoso, Dios.

El proceso de recuperación, ya fuera del hospital, tomó cerca de dos o tres meses. Ya su hemoglobina había aumentado casi hasta la normalidad, cuando comenzó a presentar un cuadro de debilidad, fatiga, entonces la piel y todo su cuerpo se tornó amarillento. La hemoglobina, repentinamente, había comenzado a disminuir. Hubo que hospitalizarle nuevamente. Luego de realizarle nuevos estudios clínicos, se le diagnosticó anemia hemolítica auto-inmune, secundaria a las transfusiones de sangre recibidas. Entonces comenzó la lucha contra el reloj, por conseguir un donante de sangre que fuera compatible con su tipo y grupo y los anticuerpos que había en su sangre. Re-ingresado viernes, ya el domingo tenía sólo cinco gramos de hemoglobina, y no se conseguía un donante idóneo.

Esa noche, Cheo se estaba quejando de tener palpitaciones aceleradas. Luego del médico auscultarlo, demudó su rostro y nos indicó que lamentablemente, aún no se habían conseguido las pintas necesarias para transfundirlo, pese a que la Cruz Roja había buscado en el Caribe, y en el sur, este y centro de los Estados Unidos. Refirió que mi esposo estaba en peligro de muerte inminente, que de un momento a otro podría darle un paro cardíaco, una embolia, y ya no quiero recordar a cuantas cosas más estuvo expuesto, y todo esto por haberse sometido a una "simple" operación mal realizada. Si tal vez aquel cirujano hubiera tenido más respeto por la vida humana que por el dinero que recibiría por la cantidad de operaciones que realizaría en aquel día. O si tal vez, el hospital le hubiera controlado la cantidad de salas de cirugía en las que podía ejercer su profesión aquel día, o si, tal vez, las enfermeras de sala de recuperación hubiesen sido más profesionales, humanas y amantes de su trabajo, muchas cosas habrían cambiado y tal vez mi esposo y nuestra familia no hubiésemos tenido que sufrir tanto.

Con respecto a las ilusiones que nos habíamos hecho de la casa que habíamos separado y por la cual habíamos estado orando por más de dos años, se fueron derribando. Las dudas de que pudiéramos comprarla, florecieron en nuestras mentes, no podíamos creer que esto nos estuviera pasando. No otra vez, no a nosotros. No nos decíamos nada al respecto, pero ambos teníamos las mismas inquietudes y desilusiones. Ahora, que estábamos a punto de comprar la casa, Cheo estaba grave y no aseguraban su recuperación. Podría quedar incapacitado y en el peor de los escenarios, morir. De todos modos, la idea de adquirir la casa nueva se desvanecía tan o más rápido, que lo que se descomponía la sangre de mi esposo. Pero como Dios tiene cuidado de nosotros, esa noche la Cruz Roja, consiguió no una, sino ocho pintas de sangre y las trajo desde Washington, DC. Y a eso de las cuatro de la madrugada, comenzaron a transfundir a Cheo. La sangre transfundida no hizo el efecto esperado, sino que aceleró el efecto del anticuerpo y ya a los dos días de haberlo transfundido, la hemoglobina estaba más baja que al principio. De manera que hubo que darle otro tratamiento, al cual comenzó a reaccionar positivamente y a mejorar. Durante el proceso, una madrugada, a eso de las tres de la mañana, una enfermera fue a tomarle los vitales a Cheo. Al ratito lo miró y le dijo: "¿Sabes?, hay personas que están orando por una casa nueva, no por vanidad, sino porque los niños ya han crecido y necesitan mayor espacio. Y Dios les da la casa, y de repente algo pasa que ellos creen que van a perder la casa. Pero no es así, la casa es tuya, es tuya, ya Dios te la dio." Cuando la enfermera dijo eso, ella no tenía idea de lo que nosotros estábamos pasando con respecto a la casa, pero Dios sí. Y él estaba con nosotros. Conocía nuestra preocupación, aún cuando nosotros evitábamos hablar del tema. Al ella salir de la habitación, nos miramos, sonreímos y continuamos confiando en Dios. Al mes siguiente, tomamos posesión de lo que Dios nos había dado: la casa. Dios nos permitió vivir un sinnúmero de experiencias que marcaron nuestras vidas.

Otra ocasión, que arrancó lágrimas y gemidos, ira y dolor, de lo profundo de mi corazón, fue el día en que se le comenzaría un tratamiento, costosísimo, que probablemente controlaría la anemia hemolítica auto-inmune, que mi esposo había desarrollado a causa de las transfusiones de sangre recibidas, en la operación de la hernia inguinal. El tratamiento constaba de tres dosis intravenosas de inmunoglobulina, diariamente, durante al menos, cinco días. Cada dosis costaba, aproximadamente, mil quinientos dólares. De manera que, la enfermera me indicó que debía pasar por la oficina de finanzas del hospital. Bajé del séptimo piso, al sótano del hospital, con un amigo, que es cómo mi hermano.

Una de las personas que trabaja allí, me indicó que debía pagar la suma de quince mil dólares, aproximadamente, que costaba el tratamiento que le iban a comenzar a Cheo. Le indiqué que yo no tenía esa suma de dinero y ella me contestó que si no había dinero, no le podían dar el tratamiento a mi esposo. Además, me indicó que el hospital no tenía ese medicamento, por ser este uno muy costoso y no costeado por el plan médico que nosotros teníamos. También me dijo que si no le pagábamos, el hospital no lo podría comprar. ¡Cómo juega la gente con el dolor ajeno! No sé cuantas cosas más me dijo, lo que sí recuerdo es que mi indignación fue tal que no pude evitar el explotar en llanto.

Mientras lloraba, le decía a mi amigo lo irónico que todo me resultaba. En todo tiempo ama el amigo, y es como un hermano en tiempo de angustia. Proverbios 17:17 Le pregunté entre sollozos, cómo era posible que el hospital, en el que se le había causado esta condición a mi esposo, me estuviera exigiendo un pago en efectivo tan alto, so pena de negarle el tratamiento médico a mi esposo, de no proveer la cantidad indicada. Además, la secretaria que me atendía me indicó que yo debía hacer todas las gestiones para conseguir que el plan médico accediera a pagar una parte de la suma adeudada y hacerme absolutamente responsable de la deuda restante. Como digo, no es lo que se dice, es cómo se dice. El espacio de tiempo, las emociones que alberga un corazón en medio de su tribulación. El día, la hora, el segundo, en que se dice cualquier mensaje, el tono de voz, los gestos, las palabras que no se dicen, pero que se sobreentienden, las entrelíneas. Todo esto afecta la reacción del que recibe el mensaje, emisor vs. receptor. Sea vuestra palabra siempre con gracia, sazonada con sal, para que sepáis cómo debéis responder a cada uno. Colosenses 4:6

En ese momento no podía comprender por qué, aquel hospital permitía que un cirujano, como el que operó a mi esposo, tomara de quince a veinte casos diarios, sabiendo que con esta cantidad de pacientes podría haber algún tipo de mala práctica. Pero no había quién me hiciera entender el por qué ahora el dinero era más importante que la vida de mi esposo. Si por causa de su negligencia mi esposo había vivido un vía crucis, un calvario, y estaba pasando por el valle de sombra y de muerte, pero lo único que importaba al hospital era el dinero. La compasión dejó de existir. Eran ellos los causantes de aquella tormenta. Lloré bastante. Me desahogué. Me hacía falta. No se puede guardar tanto dolor en el corazón. Tiene que haber una válvula de escape, si no nos daría un ataque cardíaco o algo así, eso creo.

Recuerdo que ya habían pasado cerca de trece días desde que habían hospitalizado a mi esposo. Yo estaba muy afligida, aún así debía ir a trabajar. ¿Recuerdan? Soy maestra de escuela elemental. Imparto clases a estudiantes de quinto y sexto grado. Cuando llegué a la escuela a trabajar, después de llevar mis niñas a sus respectivas escuelas, firmé la hoja de asistencia y allí mismo comencé a llorar. Mis compañeros me vieron, algunos trataron de darme palabras de consuelo, pero no había palabras suficientes para calmar mi corazón. Ya no podía soportar más sufrimiento. Al menos eso creí. Llegué al salón llorando y mis estudiantes se me acercaron a besarme y a abrazarme. Ellos son muy especiales, a pesar de las travesuras, que en algunas ocasiones hacen. Unas semanas más tarde, la madre de uno de mis estudiantes se me acercó a preguntarme por la salud de mi esposo. Me indicó que su hijo, le pedía todas las noches, que cuando oraran juntos, ella "debía orar por el esposo de la maestra, porque se pasa llorando y él está muy grave", me indicó la madre, con lágrimas en los ojos. De igual manera le di las gracias y nos abrazamos.

Hay estudiantes que pasan por la vida de un maestro dejando huellas preciosas, al igual que hay maestros que marcan la vida de sus estudiantes. Lo más importante de esas marcas, es que procuremos que sean las marcas que dejaría El Maestro de Maestros, Jesús, en la vida del hombre. Positivas y no negativas.

Ese día trece, le dije al Señor, que no podía soportar más dolor. Qué por favor permitiera que Cheo se mejorara y lo dieran de alta. Me rendí, ante sus pies. Humanamente, había perdido las fuerzas para seguir adelante. Pero Dios, me respondería más rápido de lo que imaginé. Durante el transcurso de esa noche, entre dos y cuatro de la madrugada, mi esposo cuenta que tuvo un sueño en el que vio a un personaje alto, con vestiduras blancas, resplandecientes, que le estaba arreglando, o cambiando el suero (intravenoso). El creyó que era una enfermera, pero, al despertar y abrir sus ojos, no vio a nadie.

Volvió a quedarse dormido y volvió a tener el mismo sueño, del personaje alto con vestiduras blancas, resplandecientes, que estaba trabajando con su suero, y al despertar no vio a nadie. Por tercera vez, volvió a quedarse dormido, teniendo la misma experiencia, pero en esta ocasión, este personaje levantó sus manos. De ellas emanaba una luz tan brillante y potente, que hizo que todo el cuerpo de mi esposo, resplandeciera. El resplandor era tan increíble que le impedía abrir sus ojos. Al poco tiempo el personaje bajó sus manos y Cheo pudo abrir sus ojos. No vio a nadie. En ese momento comprendió, que el Ángel de Jehová, lo había visitado y le estaba sanando de esa enfermedad.

Cheo estuvo hospitalizado un total de quince días. Durante los cuales Dios fue llevando hermanos, amigos, familiares y pacientes, a la habitación. Allí y desde su lecho, Cheo ministraba a los que entraban a visitarlo. Iban a consolar y salían consolados. Dios hizo grandes cosas allí. Fue doloroso el camino, pero a su vez Glorioso.

Dios, sí hace cosas que aparentemente no tienen sentido, pero lo que sí sé es que el Salmo 40:8 establece que: El hacer tu voluntad, Dios mío, me ha agradado, y tu ley está en medio de mi corazón, y tu ley está en medio de mi corazón.

No sólo se trata de batallar contra el sufrimiento físico, sino cuidar del sufrimiento emocional. Gracias doy a Dios, porque recibimos todo el apoyo físico, espiritual y económico de nuestras familias, hermanos en Cristo, amigos y compañeros de trabajo. Sobre todo, sus oraciones, llegaron al Trono de la Gracia. Dios contestó, dándole la vida a mi esposo y con ella una nueva oportunidad para seguir bendiciendo otras vidas con su testimonio.

Hemos pasado por el valle de sombra y de muerte, y puedo asegurarles que Su Vara y Su Cayado, nos han infundido aliento.

VII. EL ABORTO

Pero a Ana daba una parte escogida; porque amaba a Ana, aunque Jehová no le había concedido tener hijos. 1 Samuel 1: 5

Tener hijos es el sueño de la mayoría de las mujeres, desde la fundación del mundo. También fue mi sueño, más aún cuando los médicos me indicaron que no podría tener hijos, a menos que me sometiera a estudios y tratamientos. Oré a Jehová y en su tiempo y conforme a su voluntad perfecta, nos concedió nuestra petición. El día en que me enteré que estaba embarazada de mi primer bebé, fue uno de los días más felices de mi vida. Ese bebé resultó ser una niña, Cindy Michelle, en honor a dos buenas amigas de mis años universitarios. Al fin, pude tener no una, sino tres niñas y sin someterme a tratamiento alguno. A pesar de que no es la regla para la mayoría de las mujeres estériles. Hoy día mis hijas están saludables, ¡Gloria a Dios! y en plena adolescencia. Dios ha sido fiel, en medio de todas las pruebas que nos han tocado vivir. Nunca imaginé que debía pasar por tantas situaciones difíciles en mi vida, pero así ha sido y Dios nunca nos ha fallado.

Irónicamente, cuando la mujer está esperando una criatura, el sexo de la criatura es el punto de discusión en todas las reuniones familiares y de amigos. Lo que nadie quiere pensar o piensa es, cuan bien o cuan mal va a nacer el niño o la niña. Si es saludable, si viene con impedimentos o con alguna condición de salud crítica. Por lo tanto, si estas embarazada o planificas estarlo, o si conoces a alguien en esta condición, ora a Dios, y cuida de tu salud para que todo el proceso y el nacimiento de esa criatura salga bien y sea hecha la voluntad del Señor. La mujer debe visitar a un médico que atienda su embarazo, tomarse los medicamentos indicados por éste y cuidar de su salud física, mental (emocional) y espiritual. ¡Los niños son regalos del Señor! Y en la mayoría de los casos es el fruto del amor de dos seres que realmente se aman y lo desean. Pero, no siempre es así. He aquí, herencia de Jehová son los hijos; cosa de estima el fruto del vientre. Como saetas en mano del valiente, así son los hijos habidos en la juventud. Bienaventurado el hombre que llenó su aljaba de ellos. Salmos 127:3 – 5

Hay mujeres, que simplemente, no pueden tener hijos y se someten a todo tipo de tratamiento médico para lograr alcanzar, lo que ellas entienden, es su mayor realización como mujer, el ser madres. Algunas lo logran y otras por más que lo intentan no. Esto resulta bien frustrante y puede afectar emocionalmente, desarrollando depresión o bajando su autoestima. Un sentimiento de impotencia. El no poder procrear puede causar un auto incriminación, acusándose vanamente de algo que no es su culpa y que posiblemente no puedan reparar. En estos casos lo más importante es que la familia y amigos les den el mayor apoyo posible y transmitan mucho amor. Esto no debe ser una excusa para acusar a Dios y desviar su mirada del autor de la vida. Sí para orar a Jehová con más ahínco y usar esto como una herramienta para el servicio en la casa de Jehová, Dios de los Ejércitos, que es nuestra fortaleza en medio de la angustia y la depresión. No permitiéndole a esta situación ocupar o dominar la mente y llevar nuestros pensamientos cautivos a la obediencia a Cristo, Porque las armas de nuestra milicia no son carnales, sino poderosas en Dios para la destrucción de fortalezas, derribando argumentos y toda altivez que se levanta contra el conocimiento de Dios, y llevando cautivo todo pensamiento a la obediencia a Cristo. 2 Corintios 10: 4 – 5

Por otro lado, hay mujeres que llevan un estilo de vida desordenado. Tienen sexo libremente y son tan fértiles que probablemente tengan más de un hijo, de distintos padres. Lo que probablemente resultará en problemas de conducta, baja autoestima y/o problemas emocionales, en estos niños.

Hay algunas jóvenes o mujeres que practican un estilo de vida en el que "viven el momento", "la vida loca", y no miden las consecuencias. Quedan embarazadas y algunas optan por practicarse un aborto y con el tiempo esta práctica se puede convertir en otro estilo de vida, que en el futuro se podrían reprochar. Tal vez porque no sepan quién es el padre, o ¿cómo decírselo a sus padres? Por no perder la figura esbelta, que tanto trabajo y/o dinero les ha costado mantener o por su profesión. El caso es que encuentran en el aborto una salida fácil y rápida a su desesperada situación. Otras deciden parir a sus hijos y enfrentarse a sus consecuencias.

Hay niñas que simplemente por rebeldía contra sus padres, o familiares, optan por fugarse con sus novios y quedan embarazadas, ignorando que el joven enamorado al verla en este estado podría sentirse agobiado y rechazaría a ambos, mujer e hijo. Es que realmente son muy jóvenes y no desean ser padres, ni la responsabilidad que esto conlleva, pues no están emocionalmente preparados para serlo, siendo capaces biológicamente de reproducirse. Rechazan sentirse atados y quieren disfrutar de su juventud sin trabas.

Si escudriñamos, a través de los libros de la Biblia, sobre el tema de la concepción, encontraremos grandes maravillas, aun cuando la ciencia y la tecnología de aquella época no eran tan avanzadas como hoy.

El Salmista, o los Salmos de David, nos dicen:

Tus manos me hicieron y me formaron. 119:73 - Dios es el que forma al hombre dentro del vientre. No hay otro ser humano que pueda clonar a un hombre y crearlo único, perfecto, pensado, escogido, seleccionado. Es privilegio del Creador.

Porque tú formaste mis entrañas; tú me hiciste en el vientre de mi madre. 139:13 - Añade información acerca del poder del Creador.

Mi embrión vieron tus ojos, y en tu libro estaban escritas todas aquellas cosas que fueron luego formadas, sin faltar una de ellas. 139:16 - Estos versos nos llevan a entender lo maravilloso que es Dios. El embrión será algún día un hombre, pero ya posee vida por sí mismo y viene genéticamente diseñado con todos sus rasgos físicos y su sexo. Los genes podrían ser el libro que tiene escrita todas aquellas cosas que se han de formar a lo largo del embarazo. Y si está escrita en el libro de los genes, así será hecho. Dios está al mando de la operación, pero ciertamente el enemigo o Satanás, se empeña en destruir o dañar todo lo que Dios hace. Job, en medio de su amargura y dolor físico, maldijo su día: Perezca el día en que yo nací, y la noche en que se dijo: Varón es concebido. Por cuanto no cerró las puertas del vientre donde yo estaba... ¿por qué no morí yo en la matriz, o expiré al salir del vientre? Job 3: 3 y 11 - El razonamiento lógico nos diría que para morir hay que estar vivo. Tiene que haber vida. Por lo tanto podemos asumir que desde que una criatura está en el vientre en el vientre de su madre hay vida. Ya Job estaba vivo.

¿Por qué no fui escondido como abortivo, como los pequeñitos que nunca vieron la luz? Job 3:16 - Esto se refiere a los niños que fueron abortados. Los embriones y fetos que murieron estando dentro de la matriz de sus madres. Las mujeres que se practicaron abortos.

¿Por qué me sacaste de la matriz? Hubiera yo expirado y ningún ojo me habría visto. Fuera como si nunca hubiera existido, llevado del vientre a la sepultura. Job 10:18-19 - Job reprocha el que su madre lo haya parido. Él habría preferido haber muerto dentro del vientre, el que le serviría de mortaja. Y al no salir del vientre con vida, se consideraría como si nunca hubiera existido.

Somos responsables de nuestro cuerpo, porque es templo del Espíritu Santo, o sea, que el espíritu de Dios habita dentro de nosotros, por lo tanto, debemos cuidarlo, respetarlo, nutrirlo, protegerlo, amarlo, sabiendo que no nos pertenece como tal, sino que le pertenece a Dios.

¿O ignoráis que vuestro cuerpo es templo del Espíritu Santo, el cual está en vosotros, el cual tenéis de Dios, y que no sois vuestros? Porque habéis sido comprados por precio; glorificad, pues, a Dios en vuestro cuerpo y en vuestro espíritu, los cuales son de Dios. 1Corintios 6:19-20 - Si hay una criatura en nuestro vientre, desde el momento de su concepción, ya es una vida, o un ser vivo. Científicamente hasta los tres meses es un embrión y desde los 4 meses en adelante se le llama feto. Al unirse esas dos células vivas, espermatozoide y óvulo, para formar una sola, podemos decir que a partir de ese instante, es un individuo que nacerá con una descripción única, huellas únicas, diferente de cualquier otro humano. Diferente y único hasta de su gemelo idéntico.

Me parece que de no ser por un aborto espontáneo, provocarse uno sería un crimen, esto es, a la luz de la Biblia.

Conocí una joven que no deseaba, bajo ningún concepto, quedar embarazada. Su regla o periodo menstrual estaba atrasado y decidió hacerse una de esas pruebas de embarazo que venden en las farmacias. Para su sorpresa le dio positivo. En ese momento tendría unas 4 a 6 semanas de embarazo. Estando casada, tomó un remedio casero y abortó. Al transcurrir de los años ha deseado e intentado tener un bebé y aunque ha quedado embarazada, no se le ha logrado ninguno.

Con esto aprendemos que no podemos jugar a ser Dios, porque sólo hay uno, Jehová Dios de los Ejércitos, y que da a cada cual cómo quiere y cómo conviene. Siempre procuremos andar en su perfecta voluntad.

Otro caso, es el de los padres de una adolescente rebelde de unos 16 años de edad. La joven niña quedó embarazada y sus padres estaban muy molestos y dolidos por la actitud de ella. Su disgusto y su vergüenza eran tal, que ellos mismos la llevaron a practicarse un aborto. Poco tiempo después la joven se había embarazado nuevamente. ¿Por qué la joven permitió que esto volviera a ocurrir? No lo sé, pero sucedió. Esta vez sí tuvo a su bebé y luego otros más. No sé si se casó o no, pero éste es un ejemplo de rebeldía, en la que los más afectados son los niños, porque no se crían en un hogar estable y sí en la casa de los abuelos, quienes deben asumir el rol del padre y madre, debido a la inmadurez de los verdaderos padres.

Esta situación nos lleva a analizar la época en que vivimos. De grandes avances tecnológicos, mucha ciencia y filosofías. Religiones nuevas y diferentes patrones de conducta nuevos y modificados. La escala de valores ha cambiado, drásticamente en estos días si la comparamos con 20 ó 30 años atrás. Hoy la mayoría de los jóvenes practica el sexo libremente y sin tabúes. No toman la vida en serio. Todo lo que hacen lo hacen pensando que nada malo les va a ocurrir por hacerlo. A ellos nunca les ocurrirá nada malo, según ellos. Lo que le puede ocurrir a otros, es porque se lo buscaron o porque estaban en el lugar equivocado, en el momento equivocado, o con la persona equivocada. Otros se pueden equivocar pero ellos no. Muchos se comunican con palabras soeces y aunque para nosotros sean insultos, para ellos es parte de su léxico diario, la jerga de la nueva era. A lo bueno llaman malo y a lo malo llaman bueno.

Es esta misma filosofía de vida que practican algunos jóvenes y adultos, la que lleva a la sociedad actual a una crisis. La droga, la venta de armas ilegales, la prostitución, la fornicación, el adulterio, el uso inadecuado de las herramientas de la Internet y otros males sociales, están minando el futuro de la niñez y la juventud. Me parece que es nuestro deber alertar a niños, jóvenes y adultos, acerca de las consecuencias nefastas a las que estas prácticas ilícitas llevan a la sociedad. Es hora de aclamar a Dios con temor y temblor, pidiendo que su misericordia nos cubra, porque el pecado ha aumentado y a Él no le agrada el olor a pecado. Oremos para que no seamos destruidos cómo Sodoma y Gomorra.

VIII. LOS HIJOS, LA FAMILIA

Corrige a tu hijo y te dará descanso, y dará alegría a tu alma.

Proverbios 29: 17

La crianza de los hijos da gran trabajo. Aun así, son muchas y grandes las satisfacciones que estos nos brindan. Esto no quiere decir que la tarea de la crianza es fácil, ni se asemeja a un arco iris, con una olla llena de oro al final de uno de sus extremos. Habrá momentos en que el panorama se ennegrezca y nos sintamos parados en el borde del precipicio y una espada apuntándonos al corazón. Pero, Dios nos da la fortaleza. Y podemos ganar la guerra, porque para ganar la guerra es necesario vencer en la mayoría de las batallas. Lo importante en estos asuntos es reconocer que no podemos vivir sino sólo un día a la vez y los problemas debemos resolverlos, uno a uno según llegan, día a día. Los versículos que siguen a continuación han sido de gran ayuda a mi vida y a mi familia.

Así que, no os afanéis por el día de mañana, porque el día de mañana traerá su afán. Basta a cada día su propio mal. Mateo 6: 34 - No debemos preocuparnos por los problemas que han de acontecer, sino resolver los que surjan hoy, porque ocupándonos de los del hoy, podremos evitar los mismos en el mañana.

Cuando atravesamos por momentos de gran tensión, en medio de una crisis familiar, el pensamiento y la cordura se nos nublan. Entonces, sentimos que no podemos superar la prueba. Donde la salida más rápida y satisfactoria se convierte en violencia. Es como una olla de presión, cuando está en su punto de calor más intenso y la abrimos sin esperar a que se enfríe y elimine los gases, ocurrirá una explosión de tal magnitud que nos podría causar un grave daño físico o emocional a nosotros mismos, o a los que estén en derredor nuestro. Ahí es cuando el enemigo de las almas se aprovecha para que cometamos errores que podrían ser irreparables y nos conducirían a la cárcel o el suicidio en el peor de los casos.

La blanda respuesta aplaca la ira; mas la palabra áspera hace subir el furor. Proverbios 15:1 - Que nuestra respuesta sea sazonada con amor, tengamos cuidado al hablar y no nos permitamos decir todo lo que pensamos en un momento de contienda, porque cuando estamos enojados decimos cosas que no queremos decir y podemos ofender terriblemente a la otra parte. Piensa. No es lo que se dice, es cómo se dice. Si usted le dice a una persona "tonto", con cariño, la persona no lo va a tomar a mal. De otro lado, si usted se refiere a esa misma persona y le dice "tonto", en un tono despectivo y de burla o lleno de ira, tenga por cierto que esa persona va a estar seriamente ofendida y le va a provocar tanta ira que de seguro entrarán en una contienda innecesaria o, tal vez peor. Si nuestra respuesta a una persona iracunda, va cargada de ira el fruto será destrucción.

Someteos, pues, a Dios; resistid al diablo, y huirá de vosotros. Santiago 4:7 - ¿Cómo? Orando y pidiéndole fortaleza al Señor en los momentos difíciles. Y si sabemos que tenemos una debilidad, debemos intentar evitar el momento o lugar en el que tengamos que "tropezarnos" con ello.

Ni deis lugar al diablo. Efesios 4:27 - Le damos lugar al enemigo cuando jugamos con lo que nos cuesta sacrificio dejar porque somos tentados por ello. Una vez que le damos lugar cediendo ante nuestra debilidad, estamos abriendo una puerta para que el maligno entre a nuestras vidas. Esto le da derechos sobre nosotros y nos debilita en la fe. No podemos servir a dos señores, porque amaremos a uno y aborreceremos al otro. Oremos a Dios pidiendo sabiduría y fortaleza para no sucumbir ante la tentación y poder huir a tiempo.

La *Biblia*, es la Palabra de Dios, y nos da un sinnúmero de consejos y opciones que nos ayudan a hacer frente a cada situación de nuestra vida. Pero debemos conocer las armas que poseemos para que podamos usarlas apropiadamente y vencer con el bien el mal.

El que fácilmente se enoja hará locuras. Proverbios 14:17 - No debemos dejarnos llevar por el primer impulso en medio de una situación difícil. Debemos controlarnos y tomar dominio propio, para no llegar a cometer locuras y luego arrepentirnos; cuando en ocasiones, ya no quede espacio para reconstruir lo destruido. El actuar precipitadamente, podría llevarnos a la destrucción de nuestras vidas, de los seres que amamos o la de aquellos que nos rodean.

El que tarda en airarse es grande de entendimiento. Proverbios 14:29 - Esto debería ser una norma. Casi siempre creemos que el que responde con rapidez en medio de una situación difícil o poco usual es el más inteligente o tiene las de ganar. Como dice el refrán: "el que da primero, da dos veces.", pero no es así. Es de sabios el controlar los impulsos y no dejarse dominar por la ira. Demos una segunda y hasta una tercera oportunidad a las personas que nos ofenden. Así imitamos a Jesús, quien nos dijo que deberíamos perdonar al hermano no siete veces, sino hasta setenta veces siete. En la cultura hebrea el siete es el número de la plenitud.

El hombre iracundo promueve contiendas; mas el que tarda en airarse apacigua rencilla. Proverbios 15:18 - Este es el hombre, que siempre está disgustado por todo y le habla de su disgusto a todo el que se detiene a su lado. Y sigue comentando lo disgustado que está y promueve el disgusto hasta que se forma una conmoción acerca de ese tema. De modo que lo que comenzó como una pequeña llama de fuego se convierte en un incendio desproporcionado y difícil de apagar. Así infecta y afecta a todos con su desmedida forma de ver las cosas y su poca habilidad para lidiar con situaciones difíciles. Aparenta ser un ser inconforme consigo mismo y se desquita con el mundo que le rodea.

A lo largo de la lectura bíblica, encontraremos un sinnúmero de consejos sabios y prudentes, que nos ayudarán a controlarnos en los momentos difíciles. Sobre todo, que no nos dejemos llevar por la ira, para que no pequemos, porque la ira es como el veneno de áspid, dolorosa y mortal. Así que:

Airaos, pero no pequéis; no se ponga el sol sobre vuestro enojo. Efesios 4:26 - Mientras más calles tu disgusto, e intentes disimularlo, más iracundo te pondrás y verás tu problema crecer exageradamente. Busca el momento adecuado, habla, reconcíliate, perdona, pide perdón, aunque entiendas que no eres culpable. El perdonar libera tu vida. Haz tu parte, pide perdón e independientemente de la reacción de la otra persona, tú serás libre.

Más bienaventurado es dar que recibir. Hechos 20: 35 - Si no perdonas de corazón, tu mente no tendrá paz y te atará a un sufrimiento angustioso, constante, que podría quitarte la bendición de la Salvación de tu alma. Otorga el perdón, si total no te cuesta nada, y ganas paz para tu alma.

Si es posible, en cuanto dependa de vosotros, estad en paz con todos los hombres. Romanos 12: 18 - El perdón es un regalo, es un don de Dios. No es fácil perdonar, pero más difícil es ser perdonado y ya Jesús hizo esa parte del pacto, nos concierne a nosotros cumplir con la otra parte de este.

Y vosotros, padres, no provoquéis a ira a vuestros hijos, sino criadlos en disciplina y amonestación del Señor. Efesios 6: 4 - Debemos tener en cuenta las cosas que afectan a nuestros hijos e intentar mantener una comunicación efectiva con ellos, aún sobre los temas que les afectan. Dialogar sobre estos temas con sumo cuidado y sutileza, porque les garantizo que hay edades en las que no es nada fácil lograr una comunicación efectiva y asertiva, sin que ellos se sientan agredidos u ofendidos. En ocasiones prefieren dialogar con particulares de los problemas que les aquejan, porque entienden que estas personas les comprenden mejor que sus propios padres. ¡Cuidado! Gánate la confianza de tus hijos. Trabaja en ello, aunque tengas que ceder y renovar tu antigua manera de pensar. Aprende a escuchar sin juzgar.

Hijos obedeced en el Señor a vuestros padres, porque esto es justo. Honra a tu padre y a tu madre, que es el primer mandamiento con promesa; para que te vaya bien y seas de larga vida sobre la tierra. - Efesios 6: 1 – 3 - Son mandatos dados a los hijos, quienes toman a la ligera el amor y la confianza que los padres les tienen, y les tratan sin el menor indicio de respeto. He visto hijos mandar a callar a sus padres en sus casas y en lugares públicos, sin el menor indicio de remordimiento, creyendo estar en su derecho. Algunos gustan de no obedecer y si los padres les indican qué hacer se rebelan en contra de ellos. No sé hacia donde va nuestra juventud, si aún los niños, adolescentes y jóvenes que tenemos en nuestras congregaciones se creen con derechos sobre sus padres y los tratan como si ellos fueran los padres, invirtiendo así los roles de autoridad y acarreando para ellos juicio, y condenación, pues faltan a la ley de Dios. Recuerda que para que te vaya bien y seas de larga vida sobre la tierra, debes tener en alta estima a tus padres, honrarles, respetarles y obedecerles, siempre. Esta regla aplica a todos; desde los recién nacidos hasta los ancianos.

He aquí que el mal de los siglos veinte y veintiuno no son las enfermedades, sino el divorcio y las consecuencias que el divorcio acarrea entre los componentes de las familias que constituyen la sociedad. Los padres, los hijos, los hermanos, la familia como tal, deben permanecer unidos en los tiempos buenos y en medio de las pruebas. Si la familia se divide le estamos abriendo una puerta gigantesca al enemigo de las almas para destruir nuestra sociedad, porque con personas destruidas no podemos construir fortalezas.

Las fortalezas se construyen sobre bases sólidas que son las familias unidas que le sirven a Dios y que ponen su amor por encima de sus propios egos. Si construimos fortalezas sobre bases débiles, o sea, familias destruidas, se desplomarán ante el peso de la sociedad.

Así que el plan perfecto de Satanás es destruir a la familia para que la sociedad se destruya, creando conflictos entre padres e hijos y entre hermanos. El plan es destruir el núcleo mismo del amor, la familia. Luego ataca con la depresión, la soledad, y otros males sociales como las drogas, niños con vidas sexuales activas, prostitución, entre otros, con el único propósito de erradicar totalmente el ministerio de la familia en la sociedad y la Tierra.

Debemos cuidar a nuestros hijos que se batallan en medio de esta sociedad, que ha ido enfermándose por haber aumentado el pecado. Ayudarlos a lidiar con la presión de grupo y las tentaciones propias de la juventud, ya que aunque parecen haber adquirido mayor madurez que muchos de nosotros a su misma edad, los adultos, seguimos siendo responsables de sus actuaciones. Es nuestro deber como padres educarlos desde temprana edad en la verdad de la *Biblia*: *Instruye al niño en su camino y aún cuando fuere viejo, no se apartará de él.* Proverbios 22:6

Más aún, debemos orientarles acerca de los males que aquejan nuestra sociedad, las relaciones pre-maritales, que acarrean problemas secundarios y permanentes cómo las enfermedades de transmisión sexual y el aborto. Otros temas importantes que debemos dialogar es la explotación sexual de la mujer a través de los medios de comunicación.

La explotación sexual de la mujer y del hombre a través de los medios de comunicación es devastadora. A todas horas del día podemos ver escenas de sexo explícito en la mayoría de las estaciones de televisión. Los comerciantes anuncian sus productos utilizando mujeres y hombres semidesnudos, con ropas pronunciadas, insinuantes y besos tan agresivos que no dejan nada a la imaginación. Esto es sin mencionar las telenovelas y películas que presentan escenas de sexo a cualquier hora del día sin tomar en cuenta el público menor de edad, que está recibiendo ese bombardeo. Las canciones y los bailes de moda, que invitan al "sexo con ropa".

Las canciones y bailes de moda son una clara representación del sexo ilícito entre los jóvenes. ¿Qué mensaje se les esta transmitiendo a nuestros niños y jóvenes de todo el mundo? ¿Estarán presionando a los jóvenes a tener sexo fuera del vínculo marital? ¿Será que los comerciantes, por obtener mayores ingresos están destruyendo, carcomiendo, corrompiendo, o socavando los valores y principios morales de la sociedad? ¿Cómo podemos librar a los jóvenes de hoy de la influencia y bombardeo constante de la bien llamada "vida loca"? Si podemos contestar estas preguntas con imparcialidad, obtendremos respuestas a unos cuantos de los males que aquejan nuestra sociedad, entre ellos el libertinaje sexual y sus consecuencias. Es importante reforzarles el hecho de que el libertinaje sexual acarrea consecuencias nefastas y que deben huir de esas tentaciones, alejarse del núcleo de amistades que promueva ese estilo de vida porque podrían causar mucha confusión y destrucción para sus vidas. Además de provocarles un embarazo no deseado, ni planificado.

El aborto es sólo una consecuencia de la desobediencia y el pecado y es otro de los tantos males sociales que nos aquejan. Es totalmente necesario orientar a nuestros hijos e hijas a evitar estilos de vida que conduzcan a esta aparente solución. Las enfermedades de transmisión sexual, las drogas, las violaciones, la prostitución, el divorcio y la criminalidad culminan en vidas desmoralizadas y con baja o ninguna autoestima. Hogares y familias infectadas con este mal social que terminan en destrucción. Pero la Palabra de Dios es viva y eficaz y más cortante que toda espada de doble filo y nos enseña que:

Porque la paga del pecado es muerte, mas la dádiva de Dios es vida eterna en Cristo Jesús Señor nuestro. Romanos 6: 23 y *Ellos dijeron: Cree en el Señor Jesucristo, y serás salvo, tú y tu casa.* Hechos 16: 31. Estos versículos nos llenan de esperanza. Nos dicen que aunque andes en camino de muerte, caminos de pecado, Dios está dispuesto a perdonarte y a regalarte la vida eterna. Si deseas creer que el Señor Jesucristo puede libertarte de esos pecados (de ese camino de muerte), serás verdaderamente libre. *Así que, si el Hijo os libertare, seréis verdaderamente libres.* Juan 8: 36

Para obtener este precioso regalo debes:

1ro – Reconocer tu condición. ¿Dónde estás? ¿Cómo te sientes? Y si verdaderamente deseas ser liberado de esa situación.

2do – Necesitas ayuda. Aceptar que por tu propia fuerza, no vas a poder salir de ahí.

3ro – Arrepentirte y desear una nueva vida con todas las fuerzas de tu corazón.

4to – Estar dispuesto a pagar un precio por recibir la paz que anhela tu corazón. Aunque la salvación es gratuita, habiendo Cristo pagado, a precio de sangre en la cruz del calvario por nuestra salvación, debemos recordar que hay errores que acarrean consecuencias.

Una vez que hayas entendido e internalizado estos cuatro puntos, estarás preparado para los siguientes:

1ro – Naturaleza pecaminosa. Por cuanto todos pecaron y están destituidos de la Gloria de Dios. Romanos 3: 23. Es decir, todos somos pecadores y hemos perdido la oportunidad de entrar al Reino de Dios. Es que realmente todos, hemos pecado, aunque a algunas personas les resulte increíble o inaudito. Lamentablemente, es cierto.

2do – *Dios te ama.* Porque de tal manera amó Dios al mundo, que ha dado a su Hijo unigénito, para que todo aquel que en él cree, no se pierda, mas tenga vida eterna. Juan 3:16. A través de Jesús, alcanzamos el perdón de nuestros pecados y la vida eterna. El Padre, entregó a su Hijo, Jesús, a la muerte, en la "vergonzosa" cruz, para que todos tengamos la oportunidad de ser llamados hijos de Dios. A la vez que nuestros pecados son redimidos, perdonados y olvidados, por medio de la sangre de Cristo.

3ro – *Jesús te llama.* He aquí, yo estoy a la puerta y llamo; si alguno oye mi voz y abre la puerta, entraré a él y cenaré con él, y él conmigo. Apocalipsis 3:20. Si te arrepientes de todos tus pecados y aceptas a Jesús en tu corazón como el Señor de tu vida, entrará en tu corazón y te dará una nueva vida llena de gozo y paz espiritual. Tu corazón es la puerta que debe ser abierta por ti, voluntariamente. Dios no te obliga. El simplemente, permanece a la puerta de tu vida, esperando a que le permitas entrar para sanar tus heridas y borrar las huellas dolorosas del pasado. No es que los problemas y situaciones de tu vida, vayan a ser eliminados. Es que Dios se convertirá en tu Fortaleza, para que cuando tengas que cruzar a través de las batallas de la vida, tengas un "Lugar de Protección y Refugio" con murallas impenetrables compuestas de ángeles que te rodeen y, a su vez, protegerte de los dardos de fuego del maligno, ofreciéndote ayuda y sostén en medio de tu dolor.

4to – *Perdón de pecados*. Venid luego, dice Jehová; y estemos a cuenta: si vuestros pecados fueren como la grana, como la nieve serán emblanquecidos; si fueren rojos como el carmesí, vendrán a ser como blanca lana. Isaías 1:18 Dios te perdona todos tus pecados, no importándole la magnitud de ellos. Él, simplemente, te perdona. No los trae más a su memoria. Te perdona y olvida. El recuerdo de eventos dolorosos, marca nuestras vidas negativamente. Por lo tanto, no debes aferrarte a esos recuerdos, sino orar a Dios para que así como Él te ha perdonado y olvidado, decidas perdonarte a ti mismo. No porque tú tengas poder para perdonar, sino porque al Dios perdonarte, ya no te debes sentir perseguido por esos recuerdos.

5to – *Conversión*. Así que, arrepentíos y convertíos, para que sean borrados vuestros pecados; para que vengan de la presencia del Señor, tiempos de refrigerio. Hechos 3:19. Es importante el arrepentimiento y el convertirse, que es, cambiar de actitud y de comportamiento. Dejar de hacer lo que antes hacías, para que puedas sentir paz, acostarte y dormir en paz, levantarte y vivir en paz. Y Dios te dará tiempos de refrigerio, en los cuales podrás gozarte, reír y disfrutar, en paz.

6to – *Bautismo*. Pedro les dijo: Arrepentíos, y bautícese cada uno de vosotros en el nombre de Jesucristo para perdón de los pecados; y recibiréis el don del Espíritu Santo. Hechos 2:38. Arrepentimiento, sentir remordimiento y anhelar un cambio en tu vida. Bautizarse, cómo símbolo de la muerte y resurrección de Jesucristo, en ti. Simbolizando el que muera tu yo, tu actual forma de ser, tus actitudes, tu pecado. Para que resucite y nazca en ti una nueva criatura (un hombre o mujer transformado/a) y seas lleno del

Espíritu Santo, que te guardará en todos tus caminos y dará paz a tu alma. Dios te regala su Espíritu Santo, para ayudarte a caminar por la senda de justicia.

IX. PAZ EN MEDIO DE LA TORMENTA

Estas cosas os he hablado para que en mí tengáis paz. En el mundo tendréis aflicción; pero confiad, yo he vencido al mundo. Juan 16:33

Recapitulando acerca de las experiencias que nos ha tocado vivir, debo decir que no me avergüenzo del Evangelio, porque es poder de Dios para salvación como muy bien dijo el apóstol Pablo. Puedo decir que hemos andado por el Valle de Sombra y de Muerte, pero no hemos caminado solos. Dios, siempre ha caminado a nuestro lado, digo, cuando no hemos estado sostenidos entre sus brazos. He aprendido que: Mi Dios, pues, suplirá lo que os falta conforme a sus riquezas en Gloria, en Cristo Jesús. Filipenses 4:19 Joven fui, y he envejecido y no he visto justo desamparado, ni su descendencia que mendigue pan. Salmo 37:25 Aunque la higuera no florezca, ni en las vides haya frutos, aunque falte el producto del olivo, y los labrados no den mantenimiento, y las ovejas sean quitadas de la majada, y no haya vacas en los corrales; con todo, yo me alegraré en Jehová, y me gozaré en el Dios de mi salvación. Jehová el Señor es mi fortaleza, el cual hace mis pies como de ciervas, y en mis alturas me hace andar.

Habacuc 3:17-19

Tantos versos bíblicos, que han sido mi apoyo, inspiración y consuelo en las noches oscuras y frías de mi vida, en medio de las tormentas. Y debo confesar que, en el caminar por la vida, ha habido ocasiones en que me he sentido desmayar sin fuerzas, sin visión, sin futuro. Pero, en medio de todas estas experiencias y algunas que no he narrado, Dios me ha regalado un pensamiento que necesito compartir con ustedes: En mis noches de frío, arrópame con el terciopelo de Tú Amor, ¡Oh Señor, Jesús! Me parece que este pensamiento encierra en gran medida, un grito de desespero y de angustia, en medio de la noche oscura, fría y sin cobertor. Una noche en la que no podemos ver nada, en otras palabras, cuando estamos atravesando por una dura prueba, situación, o problema y no vemos solución inmediata. A la vez, representa la seguridad de saber y conocer, que, Dios, cómo todo padre amoroso, al llegar la noche, nos arropa al acostarnos, para cubrirnos, librarnos del frío y ofrecernos seguridad. Con el único propósito de que mientras descansamos, estemos abrigados con coberturas extremadamente suaves, pero suficientemente fuertes para brindarnos calor, de manera que nuestro descanso esté garantizado. Sabiendo que aunque andemos por el valle de sombra y de muerte, Dios estará con nosotros durante todo el trayecto y su vara y su callado nos infundirán aliento, valor, ánimo, vigor, audacia, determinación, impulso, aire, esperanza, fuerza y voluntad para seguir hacia delante.

Proseguimos nuestro camino, no mirando lo que tenemos delante, lo imposible, lo difícil, lo inaudito, sino como mirando a lo invisible, a la meta, al blanco de la Soberana Vocación, al premio del supremo llamamiento de Cristo Jesús, Señor nuestro. Poniéndonos de pie sobre la Roca Inconmovible y construyendo nuestra casa, metas, ideas, planes, familia, hogar, negocios, y la vida misma, sobre la roca, que es Cristo Jesús, señor nuestro. Y no en la arena, que son las cosas efímeras de la vida y sobre las cuales no vale la pena edificar y poner nuestros ojos sobre ellas porque aunque parezcan hermosas estructuras, a fin de cuentas, cuando llegue la temporada de las lluvias fuertes se hundirán y se destruirán.

En la vida vas a encontrar personas que te aman sinceramente, sin interés alguno de tomar ventaja de tus talentos. Algunos que podrás llamar amigos. Un amigo es un camarada, un compañero, un aliado, es inseparable, es incondicional, es leal, es alguien con quién amistarse o unirse. Aquellos que están dispuestos a compartir contigo en todo tiempo, como dice la Biblia: En todo tiempo ama el amigo, y es como un hermano en tiempo de angustia. Proverbios 17:17

Los verdaderos amigos son aquellos que puedes ocupar a cualquier hora del día o de la noche y siempre van a decir presente. Los que se negarán a sí mismos para serte de ayuda o de consuelo. A éstos, recibe con amor.

Por otro lado, también te "tropezarás" con otros que serán todo lo opuesto. Los que se irritan con tus éxitos. Los que ven el lado negativo en todo lo que haces y te lo dejan saber para desmotivarte. Los que nunca te apoyarán, aunque te hagan creer que lo hacen. Los que cuando tú los necesitas, siempre tienen otra cosa más importante que hacer en lugar de apoyarte. A los que tus consejos, rechazan porque se creen autosuficientes o piensan que todo lo saben, o simplemente desean estrellarse contra la pared para comprobar que la pared era dura. Están los que te humillarán y todo lo que tú desees hacer lo criticarán, porque haciendo esto se sentirán mejores que tú. Los que te perseguirán, los que desearán verte destruido, para reírse y burlarse de ti por envidia. Los que te envidian, codician todo lo que te pertenece por derecho propio y resienten tu prosperidad, se disgustan de ver que las cosas marchan bien para ti. Sienten rencor contra ti y en muchos casos te emulan porque el hacerlo les hace sentir bien. Intentan competir contra ti aun cuando lo hagan inconscientemente. Envidian tu familia, tu trabajo, tu casa, tu auto, en fin todo o casi todo lo que posees. De estos, huye. No te quedes esperando verlos cambiar. Ora por ellos, preséntalos al Señor en oración y clamor y evita rodearte de ellos porque terminarás destruido y asumiendo sus mismos roles. No te dejes engañar. Las señales son claras. Tú los puedes identificar entre tu grupo de amistades. Procura evitarlos. Hijo mío, no andes en camino con ellos. Aparta tu pie de sus veredas, porque sus pies corren al mal, y van presurosos a derramar sangre. Proverbios 1: 15-16 Además, Espinos y lazos hay en el camino del perverso; el que guarda su alma, se alejará de ellos. Proverbios 22: 5 No te entrometas con el iracundo, ni te acompañes con el hombre de enojos, no sea que aprendas sus maneras, y tomes lazo para tu alma. Proverbios 22: 24 – 25. O, como reza un proverbio en mi isla, "dime con quién anda y te diré quién eres" yo digo, dime con quién andas y te diré cómo te dañas y "al que a buen árbol se arrima, buena sombra le cobija". Tenemos el poder de escoger a nuestras amistades. Cuando escojas, procura seguir los consejos del Sabio Salomón. Recuerda en todo lo que hagas que: Sobre toda cosa guardada, guarda tu corazón; porque de él mana la vida. Proverbios 4:23

El corazón como asiento de nuestras emociones, puede también engañarnos. No nos debemos fiar de todas las emociones que sentimos, ni dejarnos manipular por ellas. Mucho cuidado. Guarda tu corazón con temor porque es el motor del cuerpo y cuando el motor falla, la vida se detiene. Fíate de Jehová de todo tu corazón, y no te apoyes en tu propia prudencia. Reconócelo en todos tus caminos, y él enderezará tus veredas. No seas sabio en tu propia opinión; teme a Jehová y apártate del mal; porque será medicina a tu cuerpo y refrigerio para tus huesos. Proverbios 3:5-8

Recuerda que según Proverbios 6: 16-19, seis cosas aborrece Jehová, y aún siete abomina su alma:

Los ojos altivos: orgulloso, arrogante, soberbio;

La lengua mentirosa: la mentira, gusta de mentir, hablar sin saber a ciencia cierta;

Las manos derramadoras de sangre inocente: los asesinos y los que andan en sus caminos;

El corazón que maquina pensamientos inicuos : perversos, malos, crueles, inmorales, viles, infames, ignominiosos, humillantes, abusivos, injustos, arbitrarios, indignos;

Los pies presurosos para correr al mal: la maldad del hombre, el deseo de hacer y practicar el mal y hacer las cosas con maldad y la intención de hacer todo tipo de daño;

El testigo falso que habla mentiras: los perjuros, los que para hacer daño a un tercero, aceptan decir mentiras; y

El que enciende rencillas entre los hermanos: aquel que siembra discordia, que pone a un hermano en contra de otro.

El consejo a Timoteo, como joven inexperto y a nosotros que vivimos en un mundo que tiende a ser bastante cruel: Porque habrá hombres amadores de sí mismos, avaros, vanagloriosos, soberbios, blasfemos, desobedientes a los padres, ingratos, impíos, sin afecto natural, implacables, calumniadores, intemperantes, crueles, aborrecedores de lo bueno, traidores, impetuosos, infatuados, amadores de los deleites más que de Dios, que tendrán apariencia de piedad, pero negarán la eficacia de ella; a los tales evita. 2 Timoteo 3: 2-5.

Y por último, si alguien te ofendiere: no digas, yo me vengaré; espera a Jehová y él te salvará. Proverbios 20:22 Porque, el que sigue la justicia y la misericordia, hallará la vida, la justicia, y la honra. Proverbios 21:21 Mientras tanto recuerda que hay que perdonar, porque el perdón liberta tu alma, mientras que el rencor, el odio, los malos recuerdos, encarcelan tu espíritu. El que perdona, se sana a sí mismo. El que no perdona, atenta contra su propia salud, física, emocional y espiritual.

Dice la Biblia, en Job 1:1, que Job era un hombre perfecto y recto, temeroso de Dios y apartado del mal. Job hacía sacrificios diarios a Jehová de los Ejércitos, no solo por él, sino por si sus hijos habían pecado o blasfemado contra Dios en sus corazones. Todo el tiempo intentaba agradar a Dios. Hasta que llegó el día de la prueba. En un solo día, Job perdió sus propiedades, sus finanzas y a sus diez hijos. Por último, fue herido con una sarna maligna desde la planta del pie hasta la coronilla de la cabeza. Desde aquel día, Job no volvió a ser el mismo. La prueba fue física, mental, espiritual y emocional. La familia, la economía y la salud propia. Y lo último que le quedaba, la esposa, le dijo: ¿Todavía retienes tu integridad? Maldice a Dios y muérete. Job 2:9 En medio de este tétrico panorama, se aparecen tres amigos.

Se supone que los amigos den consuelo en medio de las pruebas. Sin embargo, los que se llamaban amigos de Job y que participaban de todas sus actividades, ahora se sentían superiores y venían a enjuiciarlo como a un criminal. Para ellos la prueba vino por causa del pecado de Job, entre otras cosas. Y cómo del árbol caído, todos hacen leña, sus amigos hicieron leña con el dolor de Job. Ellos alegaban que por pecar se merecía todo lo que le estaba pasando y más. Dios permitió que ellos le arengaran. Es que necesitamos conocer quiénes son los que nos rodean para que podamos separar la paja del grano.

En el momento oportuno es cuando Dios se le revela a Job y lo hace desde un torbellino. Probablemente lo hizo para confrontarlo con su realidad. Tal vez su dependencia, seguridad y paz, estaban centradas en su riqueza y no dependía totalmente de Él. Es más fácil confiar en lo que vemos, que en lo que no podemos ver. Y desde el torbellino le responde y dice que se ciña como varón los lomos. Le da la orden de vestirse, ponerse en pie, levantarse, actuar como hombre, asumir responsabilidad. Y le invita a reflexionar sobre la creación. Cuando Job se da perfecta cuenta de que se encuentra frente al Creador del Universo, reconoce que solo de oídas lo había oído. Me parece que realmente no le conocía, que lo que a diario hacía era una costumbre o rutina. Entonces, le conoció, se arrepintió:

por tanto me aborrezco, y me arrepiento en polvo y ceniza. Job 42:6 Job estaba genuinamente arrepentido y decidido a cambiar su estilo de vida. Luego hizo Dios que esos amigos recurrieran a Job, para que intercediera por ellos ante Él. Solo así los perdonaría. Job intercedió por ellos y Dios aceptó su oración.

Ahora Job había perdonado a aquellos amigos que tanto mal habían añadido a su dolor. No es fácil perdonar, y me reitero en esto. Pero el perdón tiene sus recompensas. Quitó Jehová la aflicción de Job, cuando él hubo orado por sus amigos; y aumentó al doble todas las cosas que habían sido de Job. Job 42:10 Debes perdonar. Job es un ejemplo de lo que Dios hace con nosotros cuando perdonamos. Él tuvo que perdonar a sus amigos. A los que se le presentaron en medio del dolor de la prueba, a juzgarlo. Con todo esto, Dios después de habérsele revelado a Job, no lo bendijo sino hasta que Job hubo perdonado a aquellos tres amigos.

Cuando perdonamos nuestra bendición se multiplica, en paz, tranquilidad y salud, además de lo material. Más buscad primeramente el reino de Dios y su justicia y todas estas cosas os serán añadidas. Mateo 6:33

Mientras la furia de la tormenta nos ataca, debemos permanecer quietos y guarecernos, pero no podemos huir de ella. Cuando la tormenta amaina, los vientos ya han cesado y solo quedan lloviznas, es entonces que podemos salir y comenzar ha reparar los daños. El paso de la tormenta deja huellas por el lugar que pasa. Sus vientos pueden quemar, inundar o destruir el más hermoso bosque. Pero ten por cierto que cuando la tormenta haya pasado, ese bosque seco reverdecerá.

X. CONCLUSIÓN

Se fiel hasta la muerte y yo te daré la corona de la vida. Apocalipsis 2:10

Si bien en estos días, todo el mundo practica una filosofía, doctrina o religión, que alegra y confabula con sus estilos de vida, yo sigo proclamando que Jesucristo es el Salvador. No porque haya oído de otros lo bueno que es, sino porque he vivido en carne propia la bondad y la misericordia de Jehová. Porque le he visto acompañarme por el valle de sombras. Porque aún en medio de la oscuridad, he visto Su Luz resplandecer y alumbrar mi camino. Porque cuando he estado casi desahuciada por la medicina, Él ha sido mi sanador y mi restaurador, sanando lo que parecía imposible. Porque he visto Su Mano, poderosa, sanando a Taisha Liz, de una enterocolitis necrotizante del grado más severo, del que nadie se salva, como nos indicaron los médicos. Sin embargo, Taisha Liz fue operada con éxito en cuatro ocasiones para el asombro de los médicos y hoy ya cumplió más de quince años.

Porque vi un diagnóstico de leucemia, cambiar a un diagnóstico diametralmente opuesto y a Cindy Michelle ser sanada en dos semanas. Porque vi a Leslie Ann, que nació por cesárea, y aun así sufrió durante una semana en intensivo neonatal, por las condiciones con las que nació y ser dada de alta, sana y con toda una vida por delante. También vi a mi esposo al borde de la muerte, en dos ocasiones distintas, en menos de tres meses y sobrevivir milagrosamente para la Gloria de Dios. Porque he conocido a un Dios, que no tiene límites, ni fronteras. ¡Qué es Grande y Sublime! ¡Qué no conoce lo imposible! ¡Es un Dios Poderoso! ¡Es Majestad!

No es que vaya buscando una verdad absoluta, ni que ande en camino de sabios filósofos como Sócrates, Aristóteles, o Platón, entre otros. Si el firmamento tiene límites, hasta dónde, desde dónde, sabiendo que los cielos cuentan la gloria de Dios, y el firmamento anuncia la obra de sus manos. Salmo 19:1. Pero, sí les puedo confesar que he conocido a un Dios soberano, amoroso, paciente, bondadoso. Un Dios que desea el bien para mi vida y la de los míos. Un Dios que ha cambiado mi lamento en baile. Un Dios, tan misericordioso, que me ha prolongado la vida. Un Dios que ha contestado las peticiones más difíciles que han habitado en mi corazón y en mi vida. Y un Dios, tan detallista, y tan cuidadoso, como para suplir cualquier necesidad. Porque él tiene cuidado de nosotros.

Yo le importo y tu también. Nuestros problemas le importan. Nuestras familias le importan. Lo que somos, para donde vamos y con quién. Porque él sabe hasta cuánto podemos soportar en medio de la prueba y no nos dejará ser probados más de lo que podamos resistir. Un Padre amoroso que se ocupa de nuestro techo, estudios, trabajos, familias. Se ocupa de nuestro ser, iglesia, hermanos, Pastor. Un Ser Supremo, Único, Poderoso, Excepcional, Increíble, Amoroso.

Él es quien ha suplido todas mis necesidades y quién me ha enseñado y sigue enseñando a esperar en Su Voluntad, en Su Tiempo y para Su Gloria. Podría decir como el salmista, todas tus ondas y tus olas han pasado sobre mí. Salmo 42:7 Pero, doy gloria a Dios, que mientras he estado sumergida bajo las turbulentas y tempestuosas aguas del mar embravecido por la feroz tormenta, mi Dios, siempre ha estado a mi lado. Porque su favor dura toda la vida, porque en las noches vendrá el lloro y a la mañana vendrá la alegría. Porque he experimentado que alzando mis ojos a los montes es de dónde viene mi socorro. Mi socorro proviene del Dios el que creó los cielos y la tierra.

La clave para la victoria en Cristo Jesús, no es solo creer en Dios. Es Creerle a Dios. Creer que existe y que es galardonador de los que le buscan. Creer a su Palabra porque su Palabra es la verdad. Creer a su Espíritu Santo que es nuestro Consolador. Creer que hace milagros, hoy, como los hizo ayer y como los seguirá haciendo mañana. Creer que eres merecedor de entregarle tu corazón, para recibir la libertad espiritual que necesitas. Creer que, si crees con todo tú corazón y pides perdón, él te perdonará y borrará tus pecados y te dará una nueva vida. Creer que si crees, serás salvo tú y toda tu casa. Creer que mereces esa segunda oportunidad de vida, como María, quién cansada del camino, escogió lavarle los pies a Jesús como ofrenda de olor grato. No sólo por el perfume costosísimo que derramaba sobre sus pies, ni porque los enjugaba con su cabello, sino porque el perfume que derramaba sobre los pies de Jesús era el que brotaba de lo profundo de un corazón arrepentido, lleno de dolor y de gozo.

Un corazón lleno de dolor, por las experiencias terribles que debieron haber marcado su vida, ya fuera debido a la clase de trabajo que desempeñaba, el rechazo de la sociedad, o cualquier otra situación que pudiera limitar su acceso a Jesús. Pero, también lleno de gozo, porque lavaba los pies del hombre que la liberaba de aquella carga tan pesada que había llevado durante toda su vida. De gozo, porque al fin se sentía libre. Porque había un hombre que aceptaba su ofrenda sin acusarla. Porque ese hombre la recibió tal y como ella era, pero después de haber lavado sus pies, arrepentida y convertida su manera de pensar y de vivir, su vida tomó un rumbo histórico y aún es recordada por la humanidad. Recordada porque lavó los pies del Maestro antes de este ser entregado a la muerte en la cruz. Aun sin saber que le reverenciaba como a un Rey y que le preparaba para su muerte.

Así es nuestra vida. Nos toca pasar por experiencias terribles, que han de convertirse en bendición para otros y para nosotros mismos. Experiencias en las que lloramos y pensamos que el fin se ha acercado. Experiencias que en ocasiones nos llevan a dudar de nuestra propia existencia. Experiencias de angustias, dolor, quebranto, soledad. Así mismo, experiencias, que en lugar de alejarnos de Dios, nos allegan más a él, reconociendo que nosotros no tenemos el control sobre la vida, pero sí tenemos el control de tomar decisiones, de escoger, de rechazar, de decidir entre lo bueno y lo malo. Experiencias de crecimiento espiritual, que nos sirven de base para hablar con sentido y con pruebas contundentes de la misericordia de Dios para con nuestras vidas. ¿Qué es el hombre para que tengas de él memoria? ¿O el hijo del hombre para que lo visites? Siendo un Dios tan grande y poderoso, él inclina su oído a nuestra voz y escudriña nuestros corazones y pensamientos. Tiene cuidado de nosotros. Tiene cuidado de ti. Tiene cuidado de los tuyos. Hubiera yo desmayado, si no creyese que veré la bondad de Jehová en la tierra de los vivientes. Aguarda a Jehová; Esfuérzate, y aliéntese tu corazón; Sí, espera a Jehová. Salmo 27:13-14

Si has conocido a Jesús, te invito a que le busques en oración, cada día de tu vida. Él es nuestra fortaleza, nunca lo olvides. Siempre estará a tu lado. No solo creas, sino créele y verás Su Gloria manifestarse en tu vida y la de los tuyos. Si aún no le has conocido, no busques más, Jesucristo es la respuesta a tú búsqueda. No has leído este libro por casualidad. Dios tiene un propósito con tu vida. Tal vez tú no lo puedas ver, pero aunque no lo veas, cree. Porque sin FE, es imposible agradar a Dios. Es, pues, la fe la certeza de lo que se espera, la convicción de lo que no se ve. Hebreos 11:1 Atrévete a llamar posible, a lo imposible.

Atrévete a creer y a crecer. Amén..

ACERCA DE LA AUTORA

Maribel Román Santiago nació en San Juan, Puerto Rico. Está casada con José M. Oquendo y tienen tres hijas, Cindy Michelle, Taisha Liz y Leslie Ann. Es educadora de profesión, desde hace once años. Posee maestría en Educación y un bachillerato en Administración de Empresas. También ha trabajado en el área de educación cristiana, consejería de jóvenes y visitado varios países en la obra misionera.

www.ingramcontent.com/pod-product-compliance
Lightning Source LLC
Chambersburg PA
CBHW061738020426
42331CB00006B/1274